QUELQUES

OBSERVATIONS

DE

M. DE SELLON

SUR L'OUVRAGE INTITULÉ LABÉDOYÈRE

NÉCESSITÉ DU MAINTIEN

DE LA PEINE DE MORT,

𝔗ant pour les 𝔗rimes politiques que pour

les 𝔗rimes privés.

Il est plus utile de prévenir les crimes
que d'user de punitions rigoureuses.

GENÈVE,

DE L'IMPRIMERIE CHARLES GRUAZ,

RUE DU PUITS-SAINT-PIERRE.

DÉCEMBRE 1831.

INTRODUCTION.

———————

En lisant dans les journaux l'annonce de l'ouvrage intitulé *Nécessité du maintien de la peine de mort*, je n'ai pu m'empêcher de remarquer que c'était le premier écrit *important* qui eût paru en faveur de ce principe depuis l'année 1816, pendant laquelle je fis, pour la première fois, la proposition officielle d'abolir la

peine de mort dans le canton de Genève.
J'en ai fait l'acquisition dès qu'il a été mis
en vente, et je l'ai lu avec toute l'attention
dont je suis susceptible. Je ne doute pas
que M. Charles Lucas ne réponde victorieusement aux critiques dont son ouvrage
est l'objet dans cette production ; aussi,
avais-je d'abord résolu de me borner à la
publication de la traduction littérale du
Préambule du Code de Léopold, grand-
duc de Toscane, pour répondre au titre
de l'ouvrage ; mais depuis j'ai pensé que,
l'auteur ayant recueilli tous les argumens
ordinaires des partisans de la peine de
mort, une série d'observations sur chacun
des chapitres qu'il renferme me servirait de
plaidoyer, à l'époque où le Conseil d'État
de Genève (usant de son initiative) propo-
serait au Conseil, déclaré *Souverain* par le
préambule de notre Charte, la révision du
Code français de 1810, qui sert encore de

base aux sentences de nos tribunaux. Il est toujours très-désavantageux pour un *amateur* de présenter des observations sur l'ouvrage d'un homme *du métier* (1); aussi, n'est-ce pas sans hésitation que je me suis décidé à les livrer à la presse, et ne m'y suis-je décidé que par un sentiment qui me crie que je dois, en toute occasion, prendre la défense du principe que j'ai posé, soit au sein de la représentation nationale de mon pays, soit dans les écrits dont j'ai fait hommage aux hommes, qui, dans les deux hémisphères, peuvent influer directement ou indirectement sur les

(1) Louis XIV parlait du *métier de roi* en écrivant à son fils; ainsi, j'espère ne blesser ici aucune susceptibilité!...... L'auteur du livre sur lequel je publie des Observations s'intitule *avocat;* or les avocats ont en général une grande dextérité dans la manière de présenter des argumens pour ou contre une cause quelconque! Il faut donc toujours un peu de courage pour entrer en lice avec eux.

institutions et sur les lois favorables à l'inviolabilité de la vie de l'homme. C'est dans
l'effet moral des peines sur les mœurs publiques que je puise surtout mes argumens ;
voilà pourquoi je reproduis, avec une persévérance que les malveillans pourraient
qualifier autrement, l'exemple de la Toscane, et que je signale les pays où les Codes
sont le plus avares du sang humain comme
ceux où il se commet le moins de crimes
atroces. Je sais que les partisans de la peine
de mort attribuent ces effets à d'autres
causes, telles qu'une éducation primaire
étendue à toutes les classes de la société ;
mais ils ne pourront nier que l'absence
de supplices n'agisse concurremment avec
ces moyens, puisque l'adoucissement des
mœurs du peuple toscan a précédé cette
instruction, et que le Souverain déclare
lui-même qu'il est dû en partie à cette cause
négative. Le législateur lira avec fruit l'ou-

vrage sur lequel je publie ces *Observations ;*
il y trouvera des remarques pleines de sens
sur quelques anomalies du Code pénal,
dont le gouvernement français propose la
révision aux Chambres ; mais j'espère qu'il
reconnaîtra que des êtres *faillibles*, quelles
que soient leur supériorité et leurs lumières, ne doivent *jamais* voter ni appliquer
des peines *irréparables ! ! !*

QUELQUES OBSERVATIONS

DE

M. DE SELLON

SUR L'OUVRAGE INTITULÉ

NÉCESSITÉ DU MAINTIEN

DE LA PEINE DE MORT,

Tant pour les Crimes politiques que pour les Crimes privés.

SUR LE TITRE DE L'OUVRAGE.

Le mot *nécessité* implique celui d'*indispensable ;* il proclame l'impossibilité de se passer de la chose déclarée *nécessaire !* Cela posé, l'auteur, pour justifier le titre de son ouvrage, était tenu à prouver qu'une société ne peut subsister qu'en maintenant la peine de mort : or, l'histoire nous apprend que l'Egypte, sous Sabacos, que l'ancienne Rome, sous l'influence de la loi Porcia, que la Russie, sous Elisabeth, que la Toscane, sous Léopold, ont maintenu *la police* (comme le dit Montesquieu sur Rome) sans y avoir recours. On prétendait aussi une fois que la peine de mort était *nécessaire* pour réprimer le vol simple; on prétendait que *la torture* était *nécessaire* pour obtenir l'aveu des prévenus et pour satisfaire la conscience des juges; on prétendait que des supplices qui révoltaient la nature, étaient *nécessaires* pour en imposer aux créatures qu'on ne pouvait contenir que par la terreur. Eh bien! tout cet échafaudage de *nécessités* s'est écroulé, et n'a laissé debout que la peine de mort *simple*, dont chaque jour on entend contester la convenance et la légitimité.

Pour prouver qu'une chose *est nécessaire*, il faut démontrer que son existence évite *infailliblement* les maux qui naîtraient de son absence. Il n'est pas difficile, par exemple, de prouver que la famine naît d'un blocus, que la peste se propage quand on néglige les mesures sanitaires. Eh bien ! la société sera-t-elle *infaillible-ment* exposée à *tous* les dangers, quand la peine de mort sera effacée du Code pénal? Je ne le pense pas, puisqu'il y a un accord universel, même parmi ses partisans les plus ardens, pour ne l'appliquer qu'au meurtre *avec préméditation*. On est donc réduit à prouver que l'homme du dix-neuvième siècle est plus intimidé par la perspective de *la mort simple*, quand il médite un meurtre, que ne l'était celui du dix-huitième, quand il éprouvait la tentation de voler ; car j'admets, comme l'auteur, que la société ne *se venge pas*, et qu'elle cherche dans les peines un moyen préventif et exemplaire, une garantie pour l'avenir. Si la peine de mort ne peut prouver *sa né-cessité* pour réprimer le vol, comment fera-t-elle pour prouver son inefficacité quand il est question de prévenir un crime, qui ordinairement est le fruit d'une passion bien plus violente. Il faut donc, pour être conséquent, renoncer à prouver la *nécessité* de la peine de mort comme exemplaire et comme réprimante, puisqu'on l'a trouvée exorbitante et inefficace en matière de vol. On voudra, je le sais, la faire considérer comme *nécessaire*, à cause de l'évasion possible d'un détenu capable de faire de nouvelles victimes; mais n'est-ce pas proclamer l'affreuse conviction qu'il est des hommes incapables de régénération? n'est-ce pas punir d'avance un homme d'une récidive fort incertaine? n'est-ce pas le rendre responsable de la négligence très-peu probable de ses géoliers? J'ai lu tout l'ouvrage, et je ne puis admettre qu'il justifie le titre que l'auteur lui a donné! Il y a dans le mot de *nécessité* quelque chose *d'absolu*, qui exige une démonstration mathématique qu'il est *impossible* de faire sur la question qui va être débattue à la Chambre des Députés.

Le perfectionnement du système des prisons; la colonisation d'Alger, qui pourrait recevoir un grand nombre de ces hommes placés sous la surveillance de la police, soit en France, soit dans d'autres contrées civilisées ; l'usage, introduit partout, de ne pouvoir voyager *sans papiers;* l'obligation imposée à tous les logeurs de déclarer les individus qu'ils reçoivent chez eux, sont autant de garanties contre les dangers qui ont porté l'auteur à réclamer le maintien de la peine de mort.

J'espère pouvoir combattre *la nécessité* de cette peine en suivant l'auteur, chapitre par chapitre, tout en rendant justice à ses intentions, et aux améliorations qu'il propose. Mais je repousse d'avance tout ce qu'il dit sur l'analogie des hommes avec les animaux pour en argüer le droit de disposer de leur vie; je repousse aussi de toutes mes forces la conséquence qu'il tire, en faveur du principe qu'il pose, de la faculté qu'accordent à la société les partisans de l'abolition de la peine de mort, celle de séquestrer *temporairement* la liberté d'un homme.

PRINCIPES GÉNÉRAUX.

1° Les animaux ne sont point susceptibles de perfectionnement ni de régénération.

2° Il y a entre la privation de la liberté et
celle de la vie, la différence du temps à l'é-
ternité.

La véritable *nécessité*, celle qui se fait
sentir à chaque instant, c'est celle d'éviter
de donner aux masses le funeste exemple
d'attenter à la vie de l'homme, quand on
peut protéger cette vie par des moyens qui
sont à la portée de tous les gouvernemens
réguliers (1).

(1) En 1828, M. Charles Lucas rectifia plusieurs
erreurs commises dans un rapport de M. le ministre de l'intérieur, sur l'évaluation de ce qu'avait
coûté la prison pénitentiaire de Genève, et sur les
frais d'entretien de cet édifice, ainsi que des détenus; il démontra en même temps que la pro-
portion de la dépense diminuait en raison du
nombre des détenus, et qu'une prison suffisante
pour deux cents prisonniers était bien loin de

Je commence par citer l'auteur qui débute ainsi :

(Page 1re de l'Introduction.) « Jamais
» attaques ne furent aussi véhémentes,
» aussi passionnées, que celles dirigées
» contre la peine de mort.

» Genève a donné le signal : un concours
» y a été ouvert.

» Etait-ce pour aller à la recherche du
» vrai et de l'utile? Non, on n'avait d'autre
» but que d'appeler des auxiliaires et de
» réunir ses forces pour l'assaut général,
» auquel, dès lors, on se préparait.

» Comment en douter, lorsqu'on a vu
» rejeter du concours les mémoires qui ne

coûter quatre fois ce qu'en coûtait une destinée à
cinquante. C'est ainsi que l'on parvient à détruire
une à une toutes les objections qui s'élèvent contre
l'abolition de la peine de mort aux yeux du législateur éclairé!....

» concluaient pas à l'abolition *absolue* de
» la peine de mort?

» Est-ce ainsi qu'on agit quand on dé-
» sire découvrir la vérité? »

Certes, voilà une attaque bien *directe*
contre la conduite qne j'ai tenue en 1826.
J'ai déjà répondu (1) que, depuis dix ans,
je renouvelais, à chaque session du Conseil
Souverain de Genève, la proposition d'a-
bolir la peine de mort, et que chaque fois
cette proposition y a été discutée *contra-
dictoirement*. Les journaux ont entretenu
le public de cette discussion *contradictoire*
et des argumens, pressés dans ces occa-
sions, par les adversaires de l'abolition de
la peine de mort. Il y aurait eu de la *niai-
serie*, de la part du fondateur du concours,
à courir le risque de voir couronner un
ouvrage en faveur de la peine capitale : or
la chose n'était pas impossible ; car, en

(1) Dans une brochure contenant la traduction
littérale du Préambule du Code du grand-duc de
Toscane, publiée en octobre 1831.

composant le juri, il n'avait point consulté
les opinions de ses membres sur l'objet du
concours; il avait seulement songé à choisir les hommes les plus éclairés de son
pays, et ceux dont le caractère connu pouvait offrir le plus de garanties aux concurrens. Pour prouver cette assertion, il
me suffit de renvoyer le lecteur à la liste
de ces jurés, qui se trouve dans ma brochure intitulée : *Un mot sur la proposition de M. de Sellon*, et dans le 1er numéro des Archives de la Société de la Paix
de Genève, après le programme du second
concours ouvert par la même personne en
faveur d'une paix générale et permanente.

J'ai encore dit que j'avais été confirmé
dans la détermination d'écarter tous les
ouvrages qui ne concourraient pas à mon
but, par l'exemple de la Société de Morale chrétienne, qui avait consenti à ad-
juger le prix fondé par M. le comte Lam-
brecht en faveur de la *Liberté des Cultes*,
quoiqu'il eût exclu, par son programme,
tous les mémoires qui ne concluaient pas
dans ce sens d'une manière *absolue*.

2

Quand la Société de Morale chrétienne de Paris a mis au concours la question de la peine de mort, onze mémoires ont conclu pour son abolition; un seul, je crois, demandait son maintien pour un cas unique, l'*assassinat avec préméditation*.

Trente concurrens ont répondu à mon appel : M. Charles Lucas fut couronné.

On voit qu'en 1826, long-temps avant la révolution de juillet, un grand nombre d'hommes éclairés éprouvaient des doutes, les uns sur la légitimité, les autres sur l'efficacité de la peine de mort!.....

En 1828, une pétition en faveur de l'abolition de la peine de mort en matière de faux, fut présentée à la Chambre des Députés; elle fut appuyée par M. Victor de Tracy! M. le Ministre de l'intérieur monta à la tribune, et repoussa l'argumentation avec une telle véhémence, que l'honorable député que je viens de nommer, se crut obligé de répliquer et de soutenir que, non seulement il faisait des vœux pour que la peine de mort fût abolie *en matière de*

faux, mais pour qu'elle le fût d'une manière *absolue*. Je crois me rappeler, qu'à
cette occasion, M. Girod de l'Ain, président actuel de la Chambre des Députés,
M. le général Lafayette, et d'autres membres distingués, prirent la parole en faveur
du principe qu'avait soutenu M. de Tracy.
Je crois encore me rappeler que les mêmes
députés exprimèrent les mêmes sentimens
à la séance où l'on discuta la loi sur l'in-
terprétation des lois. Le *Moniteur* est
toujours là pour confirmer ce que j'avance,
ou pour l'infirmer si je me trompe.

On voit qu'on n'avait pas attendu la révolution de 1830 pour émettre des vœux,
qui, loin de prendre leur source dans *l'esprit de parti*, prouvent, au contraire,
qu'on cherche à lui arracher une arme bien
dangereuse, puisqu'il lui permet de commettre des erreurs irréparables.

Telle est l'observation qui, j'espère, répond assez victorieusement au paragra-
phe contenu dans la page VII de l'Introduction, où l'on semble insinuer que les
partisans de l'abolition de la peine de

mort ont attendu cette époque pour *frapper un grand coup.*

L'auteur dit (page IX) : « Invoquerez-
» vous l'autorité de l'expérience des siè-
» cles?» Oui, j'invoque *l'expérience* de
l'ancienne Rome, où, pendant deux cents
ans, la peine de mort resta abolie *sans
que sa police en souffrît,* comme l'assure
Montesquieu, d'après d'anciens auteurs.
Oui, j'invoque *l'expérience* de la Russie,
et surtout celle de la Toscane, où l'abolition de la peine de mort a eu une telle influence sur les mœurs, qu'on n'y commet-
tait plus de *meurtres!* Il faut toujours
parler de *meurtres,* puisque les partisans
les plus ardens de la peine de mort sont
presque tous d'accord *maintenant,* pour
ne la réclamer que contre ceux commis
avec préméditation.

L'auteur (pages XII et XIII) invoque la
longueur des débats; il désire qu'aucune
question, et surtout de la nature de celle
qui nous occupe, ne soit enlevée *par sur-
prise.* Il se rassurera quand il saura que
nous avons à Genève trois débats dans

notre règlement, et qu'il est peu d'hommes éclairés en France qui n'aient eu l'occasion de réfléchir sur la peine capitale, depuis la proposition d'Adrien Duport, qui réclama son abolition au commencement de la révolution de 1789, jusqu'à celle de M. de Tracy, qui fut faite en 1830. Tous les organes de l'opinion ont discuté cette question en Europe et en Amérique depuis quelques années. M. Carnot, dans son commentaire du Code de 1810, invoque l'abolition de la peine de mort. M. Legraverend, dans une note de son grand ouvrage, accorde des éloges à Léopold pour avoir aboli la peine de mort dans ses Etats. M. de Bérenger, dans ses ouvrages sur la justice criminelle, semble appeler de ses vœux l'abolition de la peine de mort. M. Guizot réprouve la peine capitale en matière politique ; or tous ces ouvrages ont certainement passé par les mains de ceux qui seront appelés à jouer le rôle principal dans la discussion du Code amendé par le ministère de 1831, et qui s'y sont préparés par d'instructives lectures.

Quant au public, il est appelé chaque jour à discuter sur *l'efficacité* de la peine de mort, en lisant dans la *Gazette des Tribunaux* et dans d'autres journaux le récit de crimes qui n'ont pas été réprimés par la crainte de la peine de mort.

On croit donc pouvoir affirmer à l'auteur que les Chambres de 1831 ont toutes les lumières suffisantes pour décider si la France peut et doit suivre l'exemple donné par la Toscane. En France, comme à Genève, rien n'a été épargné pour éclairer l'opinion sur ce sujet important.

SUR LA

PREMIÈRE PARTIE DE L'OUVRAGE.

CHAPITRE I.

(Page 1.) Je n'admets point l'analogie que se permet ici l'auteur entre l'homme et les animaux; je crois qu'on pourrait reconnaître l'inviolabilité de la vie de l'homme sans tomber dans une discussion qui tendrait à ravaler la dignité de l'homme, de l'homme civilisé, *du chrétien enfin !!!*

Commençons par respecter la vie *de nos semblables*, nous arriverons ensuite par degrés à réprimer l'abus qu'ils font trop souvent de leur pouvoir sur les animaux; alors nous verrons sans doute disparaître les combats de taureaux : mais procédons par ordre, et cessons de rougir les places publiques et les champs de bataille du sang des êtres auxquels nous pouvons communiquer tous nos sentimens et toutes nos pensées, des êtres éminemment *progressifs* avec lesquels nous vivons. N'oublions jamais l'immense distance qui sépare l'homme du castor, de cet animal intelligent qui, depuis le commencement du monde jusqu'à aujourd'hui, n'a rien su perfectionner de ce qui est à sa portée et à son usage.

(Page 4.) L'auteur induit le droit de vie et de mort du droit reconnu de priver un homme de sa liberté.

Pour soutenir une pareille thèse, il faut oublier l'opinion de l'immense majorité des hommes sur une vie à venir, les doutes affreux qui se présentent à l'esprit, quand on passe du temps à l'éternité, tout souillé d'un crime! En revanche, une réclusion plus ou moins sévère, plus ou moins *solitaire*, séquestre un criminel de la société, et le force à employer *utilement* des facultés qui lui ont été départies par son

créateur *pour bien faire.* La société vous
a protégé par ses forces ; eh bien, ses forces
doivent aussi réprimer la vôtre pour en
amender l'usage et non pour l'anéantir.
« *Un pendu n'est bon à rien* » a dit Voltaire. Ce mot un peu cinyque est bien profond, car il indique tout ce qu'il y a d'absurde dans l'action qui tend à priver la
communauté du capital que pourra réa-
liser un prisonnier condamné à vingt ans
de prison. En le privant de la liberté, vous
le forcez à vivre *d'une certaine manière*,
vous faites pour lui ce que la réflexion
aurait peut-être produit sur lui plus tard,
et vous n'*assumez* pas sur votre tête l'affreuse responsabilité de détruire un être,
qui souvent est plus égaré que profondément criminel. Un enfant, une jeune fille
surtout, jouit-elle de sa liberté entière ?
Eh bien, qui a jamais songé à blâmer les
obstacles qu'on place devant des passions
qui n'ont pas encore la *raison* pour les di-
riger vers le but social, vers le but indiqué
par la religion ?

Qui est parfaitement libre dans ce

monde? Est-ce le conscrit qu'on force à aller tuer des gens qu'il aimerait peut-être s'il les connaissait? Je n'en finirais pas, si je voulais signaler ici tous les êtres privés *légalement* de leur liberté; et l'on viendrait s'appuyer du droit de la société de séquestrer un homme *momentanément,* pour motiver une mesure, en vertu de laquelle vous le privez de *toutes ses facultés à la fois*, pour le lancer dans un avenir qui, pour quelques-uns, est un néant absolu, pour les autres *des flammes éternelles!!!*.....

Non, quand l'usage qu'un homme fait de son temps est fatal à ses semblables, il faut le contraindre à l'employer autrement; tel est le but du système pénitentiaire, et il l'atteint admirablement; car, d'un côté, il empêche de *mal faire*, et de l'autre, il porte à *bien faire!* Je crois que ce résultat doit couper court à une comparaison inexacte qui ne tendrait à rien moins qu'à désarmer la société; car, comme on ne réclame pas la peine de mort pour les délits inférieurs, il faut bien consentir.

à les réprimer par *l'emprisonnement*, qui correspond à tous les besoins sociaux par l'immense variété des traitemens qu'on peut faire subir aux détenus, selon leur degré de culpabilité. La privation de la liberté ne doit donc, selon moi, en aucune façon, servir d'argument en faveur de la privation de la vie; car il y a entre ces deux choses un abîme qu'on nomme l'*éternité*!

Comment les hommes du dix-neuvième siècle qui ont encore connu le dix-huitième peuvent-ils comparer la peine de mort à la privation de la liberté? Ces hommes n'ont-ils pas entendu parler du 9 thermidor, qui conserva la vie à une foule innombrable de Français qui encombraient alors les prisons (1), et qui, sans cette révolution, seraient montés sur l'échafaud! Eh bien! l'abolition *absolue* de la peine de mort serait un nouveau 9 thermidor, car elle assurerait *à jamais* à la société le pouvoir de réparer ses fautes et ses erreurs! On n'oserait pas plus la rétablir (une fois

(1) Voyez les *Mémoires de Riouffe*.

abolie), qu'on n'a osé rétablir la torture (pendant la terreur), qui avait été supprimée peu de momens avant la révolution de 1789.

Non, je ne demande pas plus que M. Lucas, pas plus qu'aucun homme *raisonnable*, qu'on supprime les prisons; mais je demande, au contraire, qu'on y dépose la créature égarée, jusqu'à sa régénération. Je crois donc avoir répondu aux pages 5, 6, 7, 8, 9, et j'espère avoir réfuté ces paroles de M. Urtis :

« En résumé, le droit incontesté de
» disposer de la liberté emporte celui de
» disposer de la vie !...... »

(Page 10.) M. Urtis croit trouver M. Lucas en contradiction avec lui-même; il se trompe. M. Lucas, par respect pour la vie de l'homme, permet à cet homme de la défendre ; or comme il n'est pas toujours possible de ménager la parade au point de la rendre tout-à-fait inoffensive, il en résulte qu'on peut tuer un homme tout en cherchant *uniquement* à défendre sa vie. Les tribunaux français ont admis

pendant long-temps *la question intentionnelle*, dont la solution appelait la mort sur
la tête d'un homme, ou lui sauvait la vie.
En 1810, elle a été remplacée par la question de *préméditation*. Eh bien ! il en est
de même au tribunal de la conscience et
de l'opinion ! Un homme qui en tue un
autre en se défendant, une nation qui re-
çoit la guerre et ne la porte pas, y sont
acquittés; mais les hommes ou les nations
qui se font agresseurs, ou qui tuent
quand l'ennemi est vaincu, désarmé, gar-
rotté, sont condamnés par les contemporains et par la postérité ! Donc, en tuant,
l'homme ou la nation attaquée rend encore
hommage à l'inviolabilité de la vie de
l'homme, puisqu'ils font tout ce qui est en
eux pour éviter la mort dont ils sont immi-
nemment menacés sans provocation de
leur part.

Peut-on en dire autant de la peine de
mort? L'homme convaincu d'un crime capital, n'est-il pas désarmé, vaincu, gar-
rotté, a-t-il la force de nuire, fait-il encore
courir un danger positif, réel, à qui que

ce soit? Non! pas plus que tous les hommes qui jouissent de leur liberté, et qui,
grace à leurs passions, peuvent en abuser
à chaque instant de mille manières! Le
danger n'étant pas *certain*, la justice humaine doit donc se borner à punir l'homme qui a offensé la société; car je crois
qu'il faut d'abord punir le coupable et préserver ensuite, par l'exemple de cette punition, les autres hommes de tomber dans
cette faute!

Tout ce qu'on vient de dire démontre
qu'on ne doit jamais *tuer* sciemment,
mais qu'on peut être contraint *innocem-
ment*, par une attaque violente, à ce
que la défense entraîne ce résultat *involontaire*. Si l'on veut *subtiliser*, il sera
peut-être possible de nous trouver en contradiction avec nous-mêmes; mais nous
écrivons pour des hommes *de bonne foi*,
pour des législateurs hommes d'honneur,
prêts à voter sur la peine de mort en
plaçant la main sur leur conscience, et
qui se demanderont si l'échafaud est un
bouclier *nécessaire;* qui se demanderont

si l'on doit punir un homme de la négligence *possible* des porte-clefs d'une prison; qui se demanderont si ce n'est pas exagérer les précautions, que d'anéantir la vie d'un homme qui peut encore redevenir un membre utile de la société, après avoir passé quelques années dans un lieu où il se défait de ses mauvaises habitudes et en contracte de bonnes. L'auteur revient encore (page 11) à sa comparaison de l'homme avec les animaux; cette comparaison est inadmissible, et je répéterais encore qu'ils n'ont au moins, pour la plupart, aucun moyen de régénération. Cette pensée seule doit écarter toute analogie entre eux et nous. Toutefois, le maître d'un cheval rétif ou d'un chien hargneux, fait quelques efforts pour les corriger avant de leur brûler la cervelle ! On place le brillant coursier à la herse ou à la charrue, on tient à l'attache le dogue intraitable; on change leur destination, mais on leur conserve *l'existence*. On dira qu'ici je parle en *utilitaire;* eh bien oui ! je m'adresse souvent aux *utilitaires* qui sont en gé-

néral décidés à renoncer à la peine de
mort (1), aussitôt qu'on leur prouvera
qu'elle n'est pas absolument *indispensable*
à la sûreté de la société ; or, à moins de
guerre ouverte, jamais cette société n'est
forcée à enlever la vie à celui qui est désarmé et privé de la liberté de nuire.

On voit (pages 14 et 15) que ce que j'ai
dit fort souvent est très-vrai ; c'est qu'on
veut appuyer la légitimité de la peine de
mort sur celle de la guerre. Cette pensée
doit donner de nombreux partisans à l'a-
bolition de la peine de mort ; car il serait
affreux qu'une peine inventée pour préserver la vie des citoyens, motivât la faculté de les envoyer à *la boucherie* (pour
me servir de l'expression de M. Urtis,
page 14). Il suffit que cette assimilation ait
été faite par des hommes distingués, pour
qu'on redoute de la voir admise ; c'est
donc avec raison que M. Lucas a combattu

(1) J. Bentham s'est prononcé positivement
en faveur de l'abolition de la peine de mort, en
dernier lieu.

l'opinion émise par M. de Salverte, le 8 octobre 1830 (voyez le *Moniteur*), à la tribune de la Chambre des Députés. C'est cette assimilation, cette analogie entre la guerre et l'échafaud, qui a décidé en général les *Sociétés de la Paix* qui se sont formées, soit en Angleterre, soit en Amérique, à repousser la peine capitale.

CHAPITRE II.

M. Urtis se trompe, s'il croit que ce soit uniquement par *humanité* qu'on demande l'abolition du dernier supplice : quant à moi, si je le fais, c'est par esprit de justice, c'est parce que je ne crois pas qu'on puisse enlever à un homme un bien qu'on ne peut ni lui garantir, ni lui rendre après l'en avoir privé. Sans avoir de disposition à la cruauté, je conçois le droit qu'a la société de punir celui qui a violé ses lois :

3

je l'accorde; mais je veux que la punition soit *temporaire !* Cela posé, je m'en remets aux codificateurs, aux criminalistes, aux juges expérimentés, à fixer la nature des peines et à les faire sympathiser avec le système pénitentiaire, afin de faire cesser le *reproche banal* et absurde, que les détenus sont souvent plus heureux que ceux qui jouissent de leur liberté.

Je ne suis donc point touché de ce que dit ici M. Urtis, parce que, une fois les peines irréparables écartées, j'accorde à la société le droit de punir le malfaiteur, soit pour lui-même, soit pour que l'exemple de sa punition retienne les hommes qui ne peuvent l'être que par la crainte.

Quant à ce que dit l'auteur sur la peine de mort sous le rapport religieux, je pense que si Dieu avait résolu de faire un exemple, il aurait puni *de mort* Caïn après le meurtre d'Abel; or, loin de là, il a défendu aux hommes de le tuer ! Quant au chrétien, je pense que le sermon de N. S. Jésus-Christ, sur la montagne, l'a-

vertit qu'il doit renoncer à la peine de mort
et à la guerre !

(Pages 29 et 30.) Ici, l'auteur semble
nier la possibilité de régénérer une ame
coupable. Je suis plus heureux que lui ; et,
sans *faire de roman*, je crois qu'on peut
citer une foule d'hommes célèbres, tels
qu'*Octave-Auguste*, qui se sont régénérés
après s'être souillés de plusieurs crimes.
Dans une note, l'auteur émet le vœu qu'on
livre à l'arbitraire du juge la décision sur
la vie et la mort d'un accusé. Je ne puis
admettre une pareille omnipotence dans
des êtres fallibles !

(Page 37.) L'auteur cherche ici à réfuter ce qu'on a dit avec tant de raison sur
les impressions funestes des supplices sur
les mœurs. Je le renvoie à la Toscane pour
cet objet ; *les mœurs publiques* y gagnè-
rent du tout au tout à l'abolition des supplices ; et si l'on veut connaître la contre
partie, qu'on écoute Volney : il raconta,
dans un cours donné à l'école normale,
qu'ayant traversé la France après la terreur, il vit les enfans occupés à guillotiner

des chiens, des chats, des poulets, pour se procurer des réminiscences des spectacles dont on venait de les priver. Quelle école !

(Page 38.) L'auteur nie l'analogie du supplice avec le duel et avec la guerre. Mais on n'a jamais dit que l'abolition de la peine de mort amenât la cessation *immédiate* de ces deux fléaux ; on a dit, et moi le tout premier, qu'en abolissant la peine de mort solennellement, et motivant cette mesure sur le respect pour la vie de l'homme, les chefs, les législateurs des nations, donneraient un grand exemple aux masses et aux particuliers, et leur inspireraient des sentimens favorables à l'humanité, leur inspireraient, dis-je, pour le meurtre, une horreur religieuse, involontaire, *mystérieuse* pour ainsi dire ; car l'abdication du glaive entraînerait probablement celle du poignard et des autres armes ! Tel fut au moins l'effet de l'abolition de la peine de mort en Toscane, que la Providence s'est probablement plu à présenter au monde civilisé comme un exemple à suivre !

(Page 39.) L'auteur cherche à réfuter ce qu'on a dit sur l'impunité qui résulte de la peine de mort! Il n'a qu'à lire le *Galignani* du 9 de juin (je crois); il y verra le compte rendu de la justice criminelle d'Angleterre; il n'a qu'à lire les discours de Sir Samuel Romilly, de Sir James Mackintosh, du marquis de Lansdown, de lord Brougham, chancelier d'Angleterre, et les pétitions couvertes de milliers de signatures en faveur de l'abolition de la peine de mort (1). Il y verra la preuve qu'une *pieuse fraude* empêche les témoins, les jurés, les juges et le roi lui-même, de livrer à la mort des hommes coupables!

(Page 40.) L'auteur dit que cette impunité *partielle* ne prouve rien contre le principe, qu'elle ne prouve que contre *l'abus de la chose*. Mais si l'on pense que le crime de *faux* peut être réprimé par la

(1) On dit qu'une pétition de cette nature vient d'être présentée à lord Grey, qui a promis de la prendre en considération.

prison ou par la déportation, pourquoi le meurtre ne le serait-il pas aussi? Y a-t-il donc tant de séduction dans le meurtre?

CHAPITRE III.

(Page 43.) L'auteur s'élève contre l'égalité de la peine pour des crimes très-inégaux dans leurs effets ; il cite comme exemple l'art. 76 du Code pénal, qui frappe également le conspirateur en grand et l'obscur intrigailleur. Il s'élève contre les articles 434 et 435, qui assimilent l'incendiaire d'une meule de paille à celui d'une ville entière ; il signale les fausses déclarations des jurés, suite nécessaire de l'iniquité des lois. L'auteur en donne lui-même plusieurs exemples (page 50), en combattant l'omnipotence du jury, qui, non-seulement déclare si le fait est constant, mais encore s'il est coupable en présence des juges qui n'ont pas le droit d'intervenir. Il ne voit là-dedans qu'anarchie, qu'arbitraire, qu'une variété dangereuse dans la distribution de la justice, selon les départemens où une cause sera jugée (1).

J'aime à reconnaître que ce chapitre mérite l'attention du législateur, tout en persévérant dans l'assertion que j'ai répétée bien souvent, que l'abolition de la peine de mort enlèverait l'obstacle principal qui s'oppose à l'organisation ou à l'introduction du jury. Quels que soient les efforts du législateur et du publiciste qui le conseille, il restera toujours une part *terrible* à l'arbitraire; terrible, dis-je, car il y va de la vie et de la mort d'un homme!

(1) Cette disparité dans les jugemens trouble toutes les notions des massés sur la distribution de la justice; car ce qui est mal à Strasbourg doit l'être aussi à Bayonne ou à Perpignan. Voilà pourquoi il faut remplacer la peine de mort par une peine qu'on puisse appliquer uniformément *partout* et dans toutes les circonstances.

CHAPITRE V.

L'auteur fait encore observer au lecteur l'inégalité de crimes frappés de la même peine, et en conclut qu'il faudrait que la loi laissât plus de latitude aux juges; il détermine la part du législateur qui doit signaler la qualification des faits punissables, et les peines qu'ils feront encourir.

Ce sera ensuite, dit l'auteur, à l'autorité judiciaire d'apprécier la moralité de chaque fait incriminé, et d'y appliquer une punition proportionnée, mais prise dans les limites de la loi.

Chaque chapitre de cet ouvrage me démontre toujours plus la difficulté de combiner une peine *irréparable* avec toutes les nuances qu'on cherche à établir entre les délits; car on en arrive toujours à reconnaître que la peine de mort résiste à ces nuances, à moins qu'on n'en revienne aux tortures, à la roue, à toutes les cruautés

qui furent exercées sur Damiens, qui avait
commis le plus grand crime dont un
homme puisse se rendre coupable dans
une monarchie (1).

—

CHAPITRE VI

L'auteur reconnaît au jury le droit de
déclarer le fait; il lui refuse celui d'en juger la culpabilité.

Il voudrait que la cour toute entière in-

(1) En Angleterre, l'homme qui avait tiré un
coup de pistolet sur George III fut mis à l'hôpital
des aliénés. Il faut effectivement un degré quelconque de folie pour tenter ou pour exécuter un
meurtre sur un prince ou sur un premier magistrat entouré de gardes. L'homme qui tenta de
tuer Napoléon à Schœnbrunn était fanatisé par
l'amour de la patrie; il ne possédait plus sa
raison!!!

tervînt dans l'acte important de la position des questions.

Ces questions seront précises, les réponses directes. Point d'arrière-pensées, ni de restrictions mentales. Rien ne doit être laissé dans le vague, ni livré à l'arbitraire.

(Page 74.) « La loi détermine la punissabilité.

» Des jurés constatent le fait.

» Des magistrats le jugent. »

L'auteur blâme le résumé des débats que doit faire le président. Il craint qu'il n'influe sur la manière de voter des jurés, et ne soit pour eux un oreiller de paresse.

Je ne suivrai pas l'auteur dans tout ce qu'il dit du jury ; mais je conclus des critiques auxquelles il se livre sur cette institution, telle quelle est organisée actuellement, qu'elle n'offre, suivant lui, ni aux prévenus, ni à la société, les garanties qu'on en attendait lors de sa création. Ces observations ne seront sûrement pas perdues pour les législateurs qui auront à s'occuper de l'introduire dans leur pays (1). Une fois la peine de mort abolie, la plupart des inconvéniens signalés par M. Urtis disparaîtraient, parce que la conscience des jurés ne serait plus faussée par le sentiment d'horreur qui accompagne maintenant une cause capitale. Vingt ans de réclusion est une peine qui coûte à prononcer, sans doute; mais le juré a du moins le sentiment que, s'il a été abusé par de *fausses lueurs*, son erreur ne sera pas *irréparable !*....

CHAPITRE VII.

Ici l'auteur donne la charge au juge d'envisager le fait sous le rapport du droit, et de fixer la peine d'après le degré

(1) On y a renoncé à Genève, lors de la restauration de cette république ; on fera bien de ne le rétablir qu'avec toutes les précautions dont on doit l'entourer dans un pays dont plus de la moitié

de perversité que suppose le crime. Il veut
que le législateur trace autour de lui un
cercle où il choisira la peine, mais qu'il
ait une certaine latitude pour propor-
tionner le châtiment à l'offense. Sans cela
(comme il l'a dit au commencement) un
simple greffier suffirait pour enregistrer
les arrêts que le jury prononcerait dans
son omnipotence.

L'auteur pense que l'arbitraire qu'il
demande pour les juges serait très-favo-
rable aux accusés. Cela dépend tellement
des circonstances, que je ne puis penser à
cet égard comme M. Urtis; le procès des
Calas est toujours là pour prouver le ra-
vage que peut faire la *prévention* dans le
tribunal le mieux composé.

On dit que quand le président des capi-
touls de Toulouse se présenta devant le
roi après cette déplorable aventure, et que

de la population est renfermée dans une seule
ville. J'espère au moins que si l'on rétablit le
jury, on n'imposera pas aux Genevois l'affreuse
obligation de prononcer sur la vie et la mort de
leurs concitoyens !

ce prince lui en témoigna son mécontente-
ment, il dit : *Sire, il n'y a point de cheval
qui ne bronche !— Oui*, répondit le roi,
mais toute une écurie !.......

L'observation que je viens de faire sur
la proposition de M. Urtis tient peut-être
à ce que je n'ai pas parfaitement compris
le rôle qu'il veut faire jouer aux juges (1);
mais, comme défenseur de l'abolition de la
peine de mort, je dois rappeler, en toute occasion, que, soit sous le régime des juges
permanens, soit sous celui des jurés, des
erreurs cruelles ont été le fruit de la peine
capitale, et qu'il est impossible d'arriver à

(1) C'est sûrement ma faute et non la sienne ;
il s'adresse peut-être plus spécialement à des juris-
consultes familiers avec toutes les nuances de la
législation criminelle. Quant à moi, je m'attache
surtout à rechercher ce qui peut remplacer avan-
tageusement dans le Code la peine de mort, et
je repousse tous ces *palliatifs* qui ne font que
prouver plus clairement à mes yeux, qu'aucun
homme n'est au-dessus de l'erreur, et qu'il ne
doit être donné à aucun de prononcer sur la
vie de son semblable, qu'il soit juge permanent,
juré, législateur ou pair !

une législation qui concilie ce qu'on doit à l'humanité avec ce qu'on doit à la sécurité de la société, tant que le Code pénal restera entaché d'une disposition qui proteste contre le dogme le plus consolant de tous, contre celui qui permet de croire qu'il n'est *aucune* créature assez perverse pour qu'on ne puisse la ramener au bien, en créant chez elle de nouvelles habitudes, en recommençant, pour ainsi dire, son éducation.

(Page 82.) L'auteur dit qu'autrefois *la mort simple* correspondait à peu près à l'idée que nous nous formons aujourd'hui *des travaux forcés*. Eh bien ! il faut que les travaux forcés prennent la place de cette mort dépouillée de toutes les tortures qui accompagnaient la peine de mort dans de certaines circonstances aggravantes avant la révolution. Il me semble que la gradation des temps est marquée par cette transition, et qu'elle doit satisfaire ceux qui pensent que la peine de mort est légitime selon les temps, selon l'état plus ou moins perfectionné de la civi-

lisation (1). Or, je crois que cette civilisation a fait des progrès depuis quarante
ans , et que la multiplication des propriétaires doit avoir augmenté le nombre des
hommes qui considèrent comme un grand
malheur d'être séquestrés de la société et
privés de la jouissance des biens et des
avantages de tout genre, qui, sous l'ancien
régime, étaient le lot *exclusif* des classes
privilégiées ! Mais c'est au législateur , et
non au juge, à prendre l'initiative d'une
pareille réforme, parce que le législateur
représente la nation.

Si je refuse le droit de vie et de mort
au législateur lui-même, comment l'accor-
derai-je au juge? au juge, homme impres-
sionnable comme ils le sont tous, et qui

(1) Montesquieu, dans *l'Esprit des Lois*, démontre qu'en descendant ainsi un échelon, la
peine qui reste au sommet remplace fort vite celle
qu'on a supprimée; il le dit à l'occasion de la
roue, dont la suppression et le remplacement par
la mort simple n'a entraîné aucun inconvénient.
Il y aura toujours une peine à la portée du législateur, qui sera la plus grave, sans être pour cela
nécessairement une peine *irréparable*.

un jour sera peut-être plus préoccupé des intérêts de la société ; un autre, en revanche, plus touché par des sentimens d'humanité, qui prévalent souvent dans le cœur et qui font qu'on est *homme* avant d'être juge ou juré (1).

Ainsi, sans contester la sagesse de plusieurs des dispositions proposées par M. Urtis dans ce chapitre, je ne puis convenir que la société et que les prévenus y gagnassent au change, tant que la peine de mort ne serait pas remplacée par une peine *temporaire*. Il me semble que l'auteur en convient lui-même (page 83), quand il adresse à la peine de mort les

(1) L'uniformité de la justice, ce qu'on appelle *la jurisprudence des arrêts*, serait entièrement compromise par l'arbitraire qu'on accorderait aux juges. Supposons qu'il y ait eu des incendies fréquens dans une province et non dans une autre ; eh bien ! les juges de la première repousseraient propablement les circonstances atténuantes pour faire *un exemple*, tandis que, dans l'autre, on les accueillerait avec faveur. Non, c'est accorder une prime à la peur, qui est trop dangereuse pour l'innocence !

mêmes reproches qui lui ont été faits
par M. le duc de Broglie dans la *Revue
Française*, par M. le professeur Rossi,
dans son ouvrage intitulé *Traité de droit
pénal* (Tome III, page 163), et par
tant d'autres écrivains distingués, qui
quelquefois n'allaient pas jusqu'à conclure
à l'abolition *immédiate* de la peine de
mort, mais qui y poussaient *de fait* le législateur, en l'alarmant sur les vices d'une
disposition de loi qui blesse les sentimens
naturels; mais si une réforme doit être
accélérée, n'est-ce pas celle-là ? M. Rossi
ne croit-il pas les Français et les Genevois
aussi avancés en civilisation que l'étaient
les Toscans en 1786?.....

L'auteur termine le chapitre VII par
s'étonner de ce que le législateur n'ait pas
accordé aux juges la même latitude à l'é-
gard des crimes capitaux qu'à l'égard des
autres. J'y vois, au contraire, un jalon
planté sur la voie de l'abolition de la peine
de mort; j'y vois la différence immense
que les hommes mettent en général entre
la privation de la liberté et celle de la *vie !*

4

Le législateur n'a reconnu *qu'à la loi* le droit de prononcer sur la vie d'un citoyen ; c'est le pas le plus rapproché de l'ère où l'on reconnaîtra enfin que la loi elle-même n'a pas le droit de prononcer des sentences *irréparables*, puisqu'elle est proposée, discutée, votée, appliquée et exécutée par des êtres *faillibles* (1). Or, les mots *faillibles* et *irréparables* ou *irrévocables*, hurlent de se trouver accouplés ensemble !

CHAPITRE VIII.

L'auteur fait observer que le projet de loi présenté en dernier lieu a admis en

---

(1) Dans sa dernière brochure, Jérémie Bentham appuie sur cette faillibilité pour proscrire toute peine *irréparable*. Il avait déjà dit ailleurs que si le duc d'Albe n'avait pas trouvé la peine de mort écrite dans le Code des Pays-Bas, malgré toute sa cruauté, malgré toute sa puissance, il n'aurait pas pu faire périr sur l'échafaud plus de 18,000 Flamands !

partie les principes qu'il vient de développer, et qu'il tend à rendre au pouvoir
judiciaire la faculté de graduer les peines.
Il cite à l'appui de cette assertion les articles 36 et 37 du nouveau projet de loi, et
persévère dans le désir de voir les juges investis du pouvoir de fixer l'échelle des
nuances, après que le législateur a fixé
l'échelle pénale. On voit que l'auteur accorde au juge un tact parfait, et en fait
l'appréciateur presque *infaillible* des degrés
de criminalité des actes qui seront déférés
aux cours d'assises. C'est dans l'intérêt des
prévenus que M. Urtis semble réclamer
cet arbitraire ; c'est pour fournir aux juges
le moyen d'adoucir les dispositions géné-
rales de la loi ; mais c'est toujours placer la
vie de l'homme entre les mains de l'homme !!! Ces nuances sont étrangères au
coup de hache ; elles ne sont applicables
qu'aux peines *temporaires*. Il faut donc,
pour rester fidèles à ce système, bannir du
Code pénal des peines *irréparables* telles
que la mort, puisqu'elle exclut toutes ces
nuances, surtout depuis qu'on a sup-

primé des aggravations, dont on ne demande sûrement pas le rétablissement.

(Pages 96 et 97.) Il signale le mensonge ou la fiction de la loi qui ordonne au juré de ne s'occuper que *du fait*, et regrette que le nouveau projet de loi n'ait rien innové à cet égard. Il croit devoir insister vivement sur ce point, qu'il considère comme fondamental; il continue à refuser tout-à-fait au jury le droit *d'apprécier la criminalité que les circonstances atténuantes modifient*, droit qui lui est reconnu par le nouveau projet de loi, droit que l'auteur réclame en faveur du juge *permanent*, comme plus capable d'en faire un bon usage.

(Page 99.) L'auteur soupçonne que le pouvoir immense accordé au jury est destiné à détruire la magistrature en la frappant de nullité, et déplore que le projet actuel ne combatte pas assez une disposition funeste à ses yeux. Il pense qu'il n'est propre à satisfaire, ni les amis de la magistrature, ni les partisans de l'omnipotence du jury, puisqu'il n'accorde clai-

rement ni à l'une, ni à l'autre, l'appréciation des causes *atténuantes.*

« En effet, dit-il (page 101), les jurés
» déclarent-ils qu'il y a des causes atté-
» nuantes, ils repoussent par-là la peine ca-
» pitale ; s'ils disent qu'il n'y en a pas, ils
» rendent le supplice forcé. Ainsi, quant à
» la peine de mort, ils sont juges souve-
» rains, leur décision lie les magistrats. »

Eh bien ! voilà justement la preuve que la commission chargée de présenter le projet de loi, veut laisser à la nation la responsabilité des condamnations à mort ! Voilà la preuve de ce doute, de ce doute terrible qui s'est emparé des hommes les plus distingués de l'Europe.

Le jury, c'est la nation exerçant le droit de juger, comme la garde nationale ou la milice est la nation armée pour maintenir l'ordre et pour conserver, au péril de ses jours, l'intégrité du territoire. Le jury a été investi du droit de vie et de mort ; mais par ses nombreuses déclarations de *non préméditation*, par l'exercice du droit attaqué par notre auteur dans ce chapitre, il a été l'organe de l'opinion de l'immense majorité des Français et des Anglais, il a appris au législateur que ces deux nations repoussaient la peine mort comme un reste de barbarie, comme une protestation contre le système régénérateur admis par les Chrétiens et par les sectateurs de la perfectibilité!....

L'omnipotence du jury, soit en Angleterre, soit en France, a donc été une circonstance bien heureuse, puisqu'il a permis à l'opinion publique de se manifester d'une manière *légale* (1) !!!

(Page 105.) Ici l'auteur semble encore ne pas sentir l'abîme immense qui sépare la peine de mort de toute peine *temporaire*. Si l'homme *bien né*, comme le dit notre

____

(1) Le mouvement populaire qui a empêché d'élever la guillotine en place de Grève n'est que la répétition de ce qui se passe dans les cours d'assises. En Ecosse, quand il y a une exécution, les boutiques se ferment, les rues sont désertes. N'est-ce pas une condamnation tacite de la loi? Quand les choses en sont à ce point, il faut que le dernier supplice soit la perte de la liberté!!!...

auteur (page 105) est encore plus puni par
la réclusion que par la mort, cette peine
est donc plus efficace, elle est plus propre
à réprimer les *délits politiques* dont les
effets font souvent verser des torrens de
sang; et si elle a été injustement appliquée,
si elle est le fruit de l'esprit de parti, elle
ne sera pas *définitive, irréparable*, comme
la peine capitale. Il est évident que la commission de la Chambre des Députés, en
maintenant l'omnipotence du jury dans
cette circonstance, a voulu permettre à la
nation, représentée par le jury, de préserver de la mort les hommes assez malheureux pour être cités devant une cour
d'assises.

Je crois que l'auteur n'a peut-être pas
assez réfléchi sur la haute dignité du jury
en lui contestant les droits qui lui ont été
conférés par le législateur; il n'a peut-être
pas reconnu en lui cette *souveraineté*, qui
l'assimile jusqu'à un certain point à la
Chambre des Députés, tout en restreignant
le cercle où il doit agir! Si ce pouvoir lui
paraît exorbitant, qu'il demande l'aboli-

tion de la peine de mort pour le lui enlever,
et qu'il emploie le talent qu'il a développé
dans son ouvrage à signaler une peine qui
ne blesse plus les sentimens qu'on aime
à voir se généraliser à l'époque où nous
vivons, des sentimens qui empêcheront le
retour de scènes pareilles à la Saint-Bar-
thélemy et aux massacres de septembre (1)!

Quand on voit un projet né, en partie,
sous l'influence de M. de Bérenger, prêter
le flanc à la critique, on peut dire har-
diment qu'il n'y avait pas une profonde
conviction dans ceux qui l'ont présenté, et
qu'ils ont voulu laisser aux représentans
de la nation le soin de prononcer sur le
point culminant du Code pénal,

---

(1) Le peuple, dans les crises politiques, se
venge de ceux qui, dans des temps tranquilles,
répriment ses passions. On a remarqué le nombre
immense de conseillers au Parlement qui ont été
victimés dès le commencement de la révolution de
1789; or c'est à eux qu'étaient confiées la police et
la justice criminelle. L'homme du peuple qui
avait vu son père, son frère, ou quelqu'un des
siens, exécuté pour un délit *privé*, croyait avoir

(Page 110.) Non, les jurés *ne se par-
jureront pas* pour le plaisir de se parju-
rer; mais s'ils estiment que la peine de
mort est *illégitime*, ils continueront à user
de tous leurs moyens pour l'écarter. Ils
sont hommes avant d'être jurés!....

(Page 111.) Non, ce n'est pas une *in-
juste défiance* des magistrats actuels, qui
les prive du droit de prononcer *arbitrai-
rement* sur la vie et la mort de leurs semblables! C'est cette inquiétude du législateur, c'est ce trouble qui le saisit au moment de confier le glaive de la loi à de
faibles mortels, accessibles à toutes les

le droit d'invoquer contre eux la même peine pour
ce qui était à leurs yeux *un crime politique*. La
même cause a agité la population pendant le procès des ministres de Charles X en 1830. Il faut
donc se hâter de supprimer une peine qui donne
de si funestes exemples et qui semble autoriser le
meurtre. Les masses se constituent en jury pendant les troubles, et la réaction se présente à elles
comme quelque chose de légitime. Il faut donc
en finir, et apprendre aux hommes qu'étant tous
sujets à faillir, ils ne doivent jamais se permettre
de déclarer qu'un d'entre eux est *incorrigible*.

passions ; c'est la crainte de livrer l'existence d'une créature humaine à des êtres
faillibles, disposés peut-être à une confiance aveugle dans leurs lumières et dans
les moyens ordinaires de la justice répressive ; c'est enfin, pour tout dire, ce doute
affreux qui plane sur la légitimité de la
peine de mort ; doute justifié par l'abus
criant, qui a été fait de cette peine sous
les yeux d'une foule de nos contemporains !
Abus qui peut se renouveler à chaque
mouvement politique, abus qui souvent
ne laisse pas aux juges permanens la faculté entière d'agir selon leur conscience.
Je sais bien qu'on allèguera, en faveur des
magistrats, certaines sentences prononcées par des jurys ou par d'autres corps :
je ne conteste rien ; mais je répète le *De-
lenda est Cartago !* Abolissez toute peine
irréparable, car il n'est aucun juge *infaillible.* Si le législateur était forcé à se prononcer entre les jurés puisés dans le sein
de la nation et des juges permanens, je ne
serais pas étonné qu'il accordât plus de pouvoir aux premiers, puisqu'ils sont sensés

connaître mieux l'esprit d'une société dont
ils font partie, et qui exprime son vœu
par leur organe ! On se défie un peu des
hommes *spéciaux*, moins sensibles à une
foule de circonstances atténuantes qui tou-
chent profondément les particuliers étrangers à l'esprit de corps ; étrangers à *des
partis pris* qui sont peut-être fort utiles
dans la jurisprudence civile, qui agit sur
des choses, mais qui peuvent devenir très-
fatals, très-funestes, quand on les applique
à des affaires criminelles, où les simples
particuliers sont meilleurs juges que les
magistrats. Par exemple, dans tous les
cas où il y a eu *provocation*, un jury l'appréciera mieux qu'un juge *permanent*,
parce que la justice *proprement dite* réprouve sévèrement toute action tendante
à substituer la *défense manuelle* de soi-
même à une action judiciaire, et n'admet
pas toujours comme justification des pro-
vocations qui, aux yeux des jurés, enlève-
raient toute culpabilité à un acte répré-
hensible aux yeux de magistrats très-in-
tègres, très-imbus de leurs devoirs, mais

un peu trop préoccupés peut-être de l'idée qu'un citoyen doit, *dans toutes les circonstances*, soumettre un grief à l'autorité de la justice, lors même que le temps lui a manqué pour le faire, comme il arrive chaque fois qu'on est assailli par un homme armé ou désarmé, et qu'on est forcé par-là d'user de la force qui vous a été départie par la nature pour vous défendre. Je crois que, dans ces cas-là, un jury indépendant sera toujours extrêmement influencé par la pensée que, sans provocation, le crime ou délit qui lui est déféré n'aurait pas eu lieu, et que, si l'acquittement du provocateur était accompagné de la condamnation de la personne provoquée, la justice semblerait par-là accorder une prime d'encouragement aux hommes hargneux et querelleurs, qui se plaisent à irriter les hommes paisibles et inoffensifs pour leur créer des torts (1).

(1) Le jury comprendra, par exemple, qu'un désordre commis par un homme chargé de maintenir l'ordre, irrite plus celui qui en est victime, que s'il était le fait d'un individu dont on n'at-

(Page 112.) L'auteur croit avoir réfuté solidement les argumens par lesquels on soutient que les peines irréparables ou

tend aucun sentiment de convenance et de discipline; le jury comprendra qu'un homme habitué aux égards, parce qu'il n'y manque pas envers les autres, sera peut-être plus sensible qu'il ne le devrait à une insulte gratuite et non provoquée; le jury, protecteur de tous, comprendra que, pour un homme bien élevé, il en est un grand nombre qui se font un malin plaisir d'échauffer sa bile et de le placer dans une situation fausse ; le jury appréciera toutes les circonstances et prononcera un jugement propre à décourager à l'avenir ceux qui chercheraient à abuser de leur obscurité ou de leur puissance pour opprimer l'homme paisible qui ne demande qu'à user de ses droits sans froisser ceux des autres. Un grand seigneur étant traité fort durement par un homme qui, avant la révolution, lui aurait été fort inférieur, lui dit : Mais, monsieur, vous oubliez que nous sommes égaux! Cette manière de le rappeler à l'ordre tourna tous les rieurs de son côté et couvrit l'autre de confusion. Eh bien, il en serait de même du jury : composé de tous les ordres de la société, il tiendrait une balance équitable entre ceux qui ont perdu des priviléges et ceux qui ont acquis

trop sévères produisent l'*impunité*. Je crois
qu'il se trompe : les discours du Parle-
britannique, et plus encore les *reports* de

l'égalité, mais qui ne doivent pas en abuser au
point de vouloir obtenir par leur nombre ce qui
les révoltait autrefois contre des droits long-temps
respectés. Ce serait une tyrannie dont ils fini-
raient par être eux-mêmes les victimes, comme
on l'a vu pendant la terreur, où, à force de subtiliser sur les degrés de patriotisme ou de sans-
culotisme, on finissait par vexer tout le monde.
Le jury, ne pouvant pas être à la disposition
d'une seule classe, d'un seul parti, serait un juge
impartial, ou amènerait la ruine de l'institution.
Les véritables libéraux travaillent, non à chan-
ger de maîtres, mais à n'en reconnaître d'autre
que la loi, qui est le fruit d'une délibération
mûrie, et du vœu de la majorité des représentans de la nation. L'arbitraire est odieux, soit
qu'il parte d'en-bas, soit qu'il s'exerce par les
sommités de l'ordre social. La mansuétude des
cours d'assises, depuis la révolution de juillet,
pour tous les délits politiques, pour tout ce qui y
avait même la moindre tendance, a fait redouter
que la société ne fût désarmée devant les amis
du désordre, et se sont demandés s'il était bien
sage de conserver une institution qui cessait de

la justice criminelle, lúi prouveraient qu'effectivement l'impunité est le résultat immédiat d'une sévérité *surabondante*, surtout quand elle conduit à une peine *irréparable*. Si M. de Bérenger, avec sa bonté habituelle, ne m'avait pas fait l'honneur de m'envoyer le rapport de la commission chargée de rédiger le projet de loi, j'aurais appris, par la page 114, que cette commission est fortement pénétrée de la conviction

protéger la tranquillité publique. Ils auraient pu se répondre, après un peu de réflexion, que quand la mer a été violemment agitée, il lui faut toujours quelque temps pour revenir au calme parfait, et que la révolution de juillet avait le sort de toutes les autres, celui d'ébranler jusque dans ses bases tout l'édifice social. Revenus de leurs craintes, ils ne renonceront pas à une institution aussi parfaitement en harmonie avec toutes celles qui conviennent à un pays libre. Quand la loi aura repris toute sa puissance, les jurés seront libres de prononcer leurs *verdicts*, sans crainte d'être insultés par les prévenus, par les témoins et par le public, comme il l'ont été quelquefois, depuis quinze mois, au grand scandale du monde civilisé.

tion qu'un grand nombre de jurés français sont disposés à écarter la peine de mort, toutes les fois qu'ils le pourront, et à substituer ainsi le sentiment général à une loi qui n'en est plus l'expression fidèle.

—

CHAPITRE IX.

(Page 116.) Je prends acte des aveux contenus dans cette page, car ils constituent une condamnation absolue de la peine capitale, surtout quand on est à même de savoir que le système pénitentiaire est loin d'être une *utopie*. Or, un homme qui a été à Genève et à Lausanne, un homme qui a lu la vie de William Penn, de saint Vincent-de-Paul ou d'Howard, qui a lu les ouvrages de M. Livingston, de M. Charles Lucas, de M. le duc de Liancourt, qui connaît ce que Mme Fry a obtenu dans les prisons de Londres, qui a connaissance des leçons publiques du docteur Julius, de Berlin, qui a médité sur les observations de M. Mittermeier (et mon lecteur sera probablement de ce nombre), sait d'une manière *positive* que ce système est susceptible de perfectionnemens graduels dictés par l'expérience ; il atteint le but auquel doit tendre le législateur, de séquestrer *temporairement* le coupable, et d'opérer sa régénération. Je ne crois pas que M. Urtis lui-même en demande davantage. On déclare souvent que les châtimens infligés par la société ne doivent pas être des actes de vengeance : d'accord ; mais ils peuvent fort bien être une punition très-légitime et un avertissement donné aux hommes passionnés de ce qui leur arriverait s'ils violaient les lois. Cela posé, la société qui, comme on le dit fort bien, n'agit point dans un esprit de vengeance, choisit les châtimens, qui, selon les mœurs de chaque pays, promettront le plus d'efficacité, en écartant les peines irréparables, qui partout auront toujours le même caractère d'illégi-

5

timité aux yeux du chrétien et du philosophe qui croit à la perfectibilité, qui n'est point *la perfection*, mais *le progrès*.

L'auteur dit (page 117) que l'adoption du système pénitentiaire fait arriver presqu'à *l'impunité*. Je lui répondrai en le priant de vouloir bien lire le rapport de M. Livingston au sénat de la Louisiane, traduit par M. Taillandier ; il pourra se convaincre de l'efficacité de ce système comme châtiment, comme mesure comminatoire, comme mesure exemplaire. Il en est d'ailleurs bien convaincu lui-même, puisqu'il a cité ce que miss Rigth, dans son voyage, dit de la sévérité de *l'emprisonnement solitaire*. Il n'est donc pas exact de dire qu'on arrive par le système pénitentiaire à supprimer le caractère de punition, qui doit accompagner une peine quelconque pour prévenir efficacément les crimes et délits. La condamnation *publique* et l'emprisonnement *solitaire*, ainsi que toutes les aggravations qu'on pourra proposer et qui n'iront pas jusqu'à la cruauté, répondent, ce me semble, aux

besoins de la société. L'une est exemplaire
au plus haut degré, l'autre satisfait au
devoir de punir l'agent d'un crime ; l'imagination n'a d'ailleurs pas un grand effort
à faire pour comprendre tout ce qu'il y a
de douloureux dans l'emprisonnement *solitaire*, et nul homme ne recherchera cette
manière de vivre. J'espère que cette réflexion, appuyée sur des faits à la portée de
tout le monde, affaiblira l'argument pressé
souvent par les partisans de la peine de
mort, que des malheureux commettront
des crimes, uniquement pour obtenir d'être
renfermés dans une prison pénitentiaire.
M. Livingston, qu'il faut toujours citer
pour être d'accord avec *la raison*, démontre
que l'ordre, la règle et le silence qui y rè-
gnent, sont un enfer anticipé pour ceux
qui ont ordinairement commis des crimes
pour s'y soustraire. M. Livingston a donc
répondu d'avance, par son rapport, à tout
ce que dit M. Urtis pour réfuter M. Lucas,
pages 118, 119, 120, 121, jusqu'à page
122, où l'auteur rentre dans la voie des
adoucissemens, et blâme l'excès dans les
châtimens.

L'auteur blâme la sévérité du Code contre ceux qui incendient leurs propres maisons. Que dirait-il de celle du Code fédéral militaire suisse, qui prononce la peine de mort contre celui qui, par un incendie, cause un dommage fixé à un petit nombre de francs, et qui est condamné à une peine assez légère, si le dommage n'a pas atteint cette somme? Je conçois qu'en matière d'amende, en matière d'élection, on soit obligé de fixer un maximum et un minimum; mais il ne faut pas rapprocher la peine de mort de pareilles appréciations; il y a quelque chose de rebutant dans cette espèce de tableau synoptique, où l'on met en parallèle la valeur d'un objet matériel avec celle de l'être dont Buffon fait une si noble description, avec l'espèce qui a produit Newton, Fénélon, Napoléon et tant d'autres génies.

(Page 124.) L'auteur réclame l'indulgence du législateur pour les actes *qui mettent la société en péril*, et qui pourtant ne sont pas immoraux en eux-mêmes, comme, par exemple, la violation des lois sanitaires, passible de la peine de mort. Ici l'auteur, en réclamant une indulgence qui lui est dictée par son cœur, se trouve un peu en contradiction avec le principe qu'il a posé, que tout doit céder au *péril social*. Le voilà faisant grâce comme les jurés, parce qu'on est homme avant d'être citoyen. Quant à nous, nous ne tombons point dans cet inconvénient, parce qu'en proscrivant les peines *irréparables*, on peut toujours adoucir ce qu'il y a d'acerbe dans les exigeances sociales.

(Page 125.) L'auteur dit que quand un membre est gangrené, il faut le trancher sans hésiter. Blackstone et Catherine II, ou Catherine *le Grand*, comme l'appelait Voltaire, ont dit qu'il n'y avait qu'un chirurgien mal-habile qui fît l'amputation d'un membre avant de s'être bien assuré qu'il était attaqué d'un mal *incurable;* or, qui ose jeter cette pierre à son semblable, qui ose lui dire qu'il est *incorrigible?*.....

CHAPITRE X.

L'auteur, après avoir cédé un instant à son cœur en demandant grâce pour les actes qui n'étaient criminels qu'en raison du péril qu'ils faisaient courir à la société, rappelle la classification des crimes, faite par Lepelletier de Saint-Fargeau.

Je prends acte de ce que dit l'auteur (page 128), *qu'il est bien rare qu'un assassin tombe en récidive;* car cela prouve que la sûreté de la société ne sera pas compromise en laissant en vie *un meurtrier.* Or, cette crainte est le plus fort argument des partisans de la peine de mort, qui, en provoquant contre lui cette peine, le punissent, non-seulement du crime qu'il a déjà commis, mais encore de ceux qu'il ne commettra peut-être jamais, qui le punissent, comme je l'ai déjà dit plus haut, de l'inexactitude très-problématique des gardiens de la prison.

(Page 130.) Il me paraît encore que
M. Livingston, dans son rapport (1), a
réfuté d'avance ce que dit ici M. Urtis sur
la nécessité d'appliquer la peine de mort
aux brigands de profession. Il a prouvé
que cette espèce d'hommes craint plus
l'ordre qui règne dans une maison pénitentiaire que *le mauvais quart d'heure*,
dont parlait Cartouche assez légèrement.

CHAPITRE XI.

Je ne saurais que sympathiser avec l'auteur dans tout ce qu'il dit sur la gravité
des peines qu'il combat ici ; mais j'obser-

(1) Ayant publié moi-même un fragment de ce
rapport dans ma brochure de 1826, *Un Mot*, etc.,
je me permets de le citer à ceux qui ont bien
voulu l'agréer de ma part, quel que soit le lieu où
ces *Observations* leur parviendront.

verai que quand on a une fois établi en principe que la société a le droit de sacrifier à son salut *la vie* d'un de ses membres, il est difficile de contester avec elle sur son application. L'auteur s'écrie : « *Ainsi la mort pour un simple attentat* » *aux propriétés !* » Mais l'incendiaire, en mettant le feu à des matières dont la combustion causera la suffocation d'un individu, n'est-il pas aussi coupable que l'assassin ou le meurtrier ? A chaque pas, on retrouve l'immense difficulté qui accompagne une peine *irréparable*, une peine *indivisible*, qui se refuse à toutes les nuances, et qui rend le législateur, le juré, le juge, inconséquent avec lui-même, puisqu'elle le force à punir avec la même sévérité les actes les moins semblables entre eux. L'auteur croit échapper à une sévérité excessive en bornant la peine de mort à l'incendie des maisons *notoirement* habitées. Mais, encore une fois, un vent du nord un peu violent étend bien vite la flamme d'une meule incendiée à l'habitation des propriétaires de la meule, habitation souvent couverte de chaume ou de tavillons (1), ordinairement fort voisine de la meule, du hangard inhabité ou du chantier.

A ce que dit l'auteur (page 138) des incendies qui ont précédé la révolution de juillet 1830, il n'y a qu'un mot à répondre : c'est que la peine de mort existait dans le Code, et qu'elle n'a pas empêché les individus qui s'en sont rendus coupables, d'exécuter leurs desseins. Le remède est inefficace ; il faut en chercher un autre ?.....

CHAPITRE XII.

A tout ce que dit l'auteur sur la nécessité de maintenir la peine de mort contre

(1) Petites planches fort minces dont on se sert dans le Jura, en guise de tuiles ou d'ardoises. C'est une espèce de latte facile à incendier. — *Le péril est donc fort grand*, non-seulement pour la

les faux-monnayeurs, on répondra encore : *La peine de mort a-t-elle empêché ce crime?* n'est-il pas urgent de faire l'essai d'une autre peine (1)? La comparaison que l'auteur fait ici (page 150) de l'incendie des meules de foin avec le faux-monnayage n'est pas juste; car, il faut le répéter, cet incendie peut causer la *mort*, tandis que la fausse monnaie n'attaque que la propriété. La commission a donc agi avec infiniment de sagesse en repoussant la peine de mort de son projet de loi pour ce cas-ci.

propriété, mais encore pour la vie; et si la meule ou le chantier *inhabité* est à portée d'un magasin à poudre, le danger devient immense.

(1) Si les peines sont *des remèdes de la société malade*, comme l'a dit Montesquieu, il faut renoncer à celles dont l'inefficacité est démontrée par des faits observés chaque jour. Que dirait-on d'un médecin qui persévèrerait dans un traitement reconnu mauvais? Comme l'a fort bien dit l'exposé des motifs du projet de loi de réforme : *La conscience publique ne permet plus ici l'application de la peine capitale.*

CHAPITRE XIII.

es exemples donnés dans ce chapitre
militent en faveur de l'abolition *partielle*
de la peine de mort. Cependant l'auteur y
revient toujours à son système favori, de
laisser aux juges la faculté de l'appliquer
quand les détails de la cause leur en in-
spirent la pensée. L'avocat-général Servan,
dans une célèbre adresse à l'ordre judiciaire tout entier, le chancelier d'Agues-
seau, dans ses Mercuriales, le comte de
Sèze, dans un discours d'ouverture de la
Cour de Cassation, déplorent tous, au contraire, les erreurs de la justice criminelle,
et répudient bien hautement cet arbitraire
réclamé par M. Urtis, qui ferait peser sur
les juges une si terrible responsabilité.
L'auteur insinue qu'il faut au moins conserver la peine de mort comme *menace;*
mais la menace cesse bientôt d'être efficace, quand on voit qu'elle est vaine. En

'revanche, une menace de mort inscrite dans un code est une arme fort meurtrière entre les mains des partis, qui tour à tour peuvent rechercher le masque de la *légalité* pour couvrir des meurtres judiciaires (1).

En abolissant la peine de mort, le législateur s'assurera que celle qui la remplacera sera *bien certainement appliquée*, ce qui, selon Montesquieu, et la plupart des hommes qui ont écrit sur de pareilles matières, est la garantie la plus puissante contre le crime. L'opinion est si défavorable à la peine capitale, que les juges n'useraient probablement pas de la faculté

(1) M. Guizot expose à cet égard, dans son ouvrage sur la peine de mort en matière politique, tout ce qu'il est possible de dire, sans s'adresser au législateur; car son but était uniquement d'engager le gouvernement d'alors à ne pas ordonner de poursuites. C'est donc sans le vouloir qu'il s'adressait au législateur, qui doit saisir partout l'occasion d'observer les effets des peines qu'il est obligé d'imposer à ceux qui menacent la société, sans acception de personnes!

que M. Urtis réclame pour eux. Ainsi, il vaut mieux fixer, *dès aujourd'hui*, une peine qui ne répugne ni aux jurés, ni aux juges, ni au public.

—

CHAPITRE XIV.

Si l'empoisonnement est un crime horrible, il est aussi celui, de tous, qui est le plus difficile à prouver. Cela posé, c'est encore le cas de le rendre passible d'une peine *temporaire;* car il n'est aucun de ceux qui soutiennent la légitimité de la peine de mort, qui ne frémisse à la seule pensée de sacrifier un innocent.

CHAPITRE XV.

L'auteur reproduit ici ce qu'on trouve partout, et insiste fortement pour que le prisonnier qui attente à la vie de son gardien soit puni de mort, quand ce prisonnier est déjà condamné aux travaux forcés à perpétuité. Il s'appuie sur ce que c'est la seule peine qui puisse l'intimider. Il oublie, en disant cela, que *l'emprisonnement solitaire* est excessivement redouté par les détenus, et qu'il peut servir de menace continuelle, et de punition effective après le crime commis. D'ailleurs les gardiens sont armés, et peuvent opposer une résistance efficace aux tentatives qu'on ferait contre leur vie, L'auteur fixe des minimums pour chaque peine ; mais je n'ai point à m'occuper pour le moment de ce sujet ; il me suffit de repousser l'assertion que la peine de mort est une *nécessité!* Dans une note (page 169), l'auteur, en invoquant son maintien d'une manière générale, affirme que c'est surtout dans le Code militaire qu'il est plus urgent de la conserver. A cet égard, il est entièrement en désaccord avec Montesquieu, qui s'étonne qu'on espère intimider, par l'idée de la mort, des hommes qui se font gloire de la braver à chaque instant. La fusillade n'étant point infamante, on a vu plus d'un militaire commettre des crimes de manière à la mériter et à échapper ainsi au boulet, qui est infamant. On se rappelle que le sous-officier qui, à Toulon, ou dans une autre ville du midi, tua son colonel, *son bienfaiteur*, n'allégua pas d'autre motif de son crime (1).

1) Il se croyait cité devant un conseil de guerre pour avoir manqué à un sergent, ce qui n'emportait que le boulet; il tua son colonel *pour être fusillé*. C'est lui-même qui l'a déclaré devant le conseil, au moment de sa condamnation! Ce n'est pas à des Suisses, à qui M. de Bezenval disait en gravissant une redoute rapide : *Mes amis, nous ne monterions pas si vite, s'il n'y avait pas des coups de fusils à gagner!* à des Français,

CHAPITRE XVI.

L'auteur semble ici admettre un moment le système du docteur Gall, celui d'une disposition irrévocable au crime dans quelques individus. Avec une pareille croyance, il ne resterait plus qu'à assommer les hommes qui ont donné d'eux-mêmes cette opinion. Mais comme je ne crois pas que Dieu ait déshérité aucun de ses enfans au point de les avoir prédestinés au crime, je repousse toute espèce d'argument basé sur ce système désolant, qui enlèverait à toutes les créatures humaines la responsabilité de leurs actes.

L'auteur en vient ensuite aux *monomanes homicides*, et tout ce qu'il dit ne fait qu'augmenter ma conviction, qu'on ne doit prononcer aucune sentence *irrépa-*

à des Anglais, qui font sauter leurs vaisseaux plutôt que de se rendre, ce n'est pas à de tels hommes *qu'on fera peur de la mort!!!*

rable. Satan lui-même, dont il parle, a été précipité, a été enchaîné; mais il n'a pas été privé de la vie. L'auteur en revient encore ici à sa comparaison favorite de l'homme avec les animaux, comme si elle était soutenable. La réclusion, et la réclusion dans une maison pénitentiaire surtout, est toujours là pour satisfaire à toutes les exigences de la société et de ceux qui plaident sa cause, puisqu'en séquestrant le *monomane* le plus furieux, on parvient au même but que par l'échafaud, sans violer les lois de la nature, qui semblent commander d'attendre la sentence de son Créateur pour faire quitter ce monde à sa créature.

Pour ce qui est des évasions (1), est-il bien probable qu'un détenu évadé ira

(1) Plusieurs tentatives d'évasion ont été faites dans la maison pénitentiaire de Genève : aucune n'a réussi ! ! ! Cependant elle est encore susceptible de perfectionnement sous le rapport de la sûreté ; chaque jour donne une nouvelle leçon à ceux qui étudient le système pénitentiaire, et qui le font *consciencieusement*.

6

commettre des meurtres pour attirer sur lui l'attention, et provoquer de nouveau son arrestation? C'est possible, comme tout est possible. Mais cette *éventualité* ne légitime pas une peine irréparable. La société ou le pouvoir qui la représente est tenu à éviter tout ce qui peut exciter les passions sanguinaires. Les Grecs étaient si pénétrés de ce devoir, qu'ils avaient porté une loi en vertu de laquelle il était défendu, en temps de paix, de faire de la musique dans le ton réservé aux marches guerrières. Eh bien! l'échafaud produit chez des hommes nerveux une excitation qui, dit-on, peut les porter au meurtre, comme à toute action exaltée, sans que cela prouve en faveur d'aucun système; car cette mobilité peut les porter également au bien et au mal, suivant les spectacles qu'on met sous leurs yeux. Le même individu, ému par l'échafaud, et conduit au meurtre par l'imitation, serait peut-être susceptible de sauver la vie de son semblable, s'il le voyait prêt à périr dans les flammes ou dans les flots, et à le faire au péril de ses jours.

Non , *on n'invoque point la philanthropie au secours de la scélératesse;*
mais on dit que *la réclusion* est une garantie suffisante de sécurité, surtout
quand on y joint toutes les mesures pré-
ventives qui sont si fort en usage de nos
jours, et au moyen desquelles il est presque impossible qu'un homme échappe
long-temps aux recherches de l'autorité (1).

L'auteur emploie, à la fin de ce chapitre,
l'argument ordinaire : il dit que le voleur
tuera *toujours* quand il ne craindra plus
la mort pour lui-même , parce qu'il aura
intérêt à détruire des témoins incommodes

(1) Quand la peine de mort sera abolie, on
éprouvera bien moins de scrupule à dénoncer un
homme que quand on a le sentiment de le livrer
à une mort certaine. Dans les discussions qui se
sont élevées dans le Parlement d'Angleterre, à
l'occasion des motions de sir Samuel Romilly et
de sir James Mackintosh, en faveur de l'abolition
de la peine de mort , plusieurs honorables membres ont déclaré qu'ils avaient eu connaissance
de vols qu'ils n'avaient pas dénoncés à la justice,
ne voulant pas causer la mort de ceux qui s'en
étaient rendus coupables.

de son crime. On répond à cet argument
par l'exemple de la Toscane, où l'abolition
de la peine de mort a été suivie de
la cessation des meurtres. Cela prouve
assez que les supplices sont une mauvaise
école, et que leur suppression est l'une
des branches de cette éducation *morale*
considérée comme une des nécessités de
l'époque! Ce moyen est plus *négatif* que
positif (1), mais il n'en agit pas moins
avec efficacité sur les masses; ainsi tombent bien des raisonnemens devant une
expérience toute favorable à l'abolition de
la peine de mort. Cette expérience n'est
pas une *théorie*.

(1) L'abolition des combats de gladiateurs, de
ces spectacles où l'on abandonnait des hommes
aux bêtes féroces, a sans doute contribué à adoucir
les mœurs, et l'abolition des tournois a certainement exercé une heureuse influence sur la
diminution des duels!

CHAPITRE XVII.

Pour prouver l'effet préventif de la peine de mort que l'auteur lui attribue, il faudrait démontrer que tels délits sont devenus très-communs depuis qu'ils ne sont plus passibles que de peines *temporaires* (1). S'ils n'y réussissent pas, tous leurs raisonnemens deviendront des déclamations ; or, j'ai beaucoup de peine à croire qu'ils parviennent à prouver que les délits, anciennement passibles de la peine de mort, soient devenus plus fréquens depuis qu'ils ne sont plus atteints que par

---

(1) Dans un discours sur la liberté de la presse, M. de Chateaubriand rappelait que, dans l'Auvergne seule, on avait jugé, pendant une *seule* année, plus de *douze mille* causes criminelles, sous le règne de Louis XIV. Or, à cette époque, la peine de mort s'appliquait à une foule de délits qui ne sont plus passibles que de la prison ! On peut, d'après cela, juger de *l'efficacité* de cette peine !

la prison. Je crois que des recherches de ce genre seraient propres à combattre victorieusement l'opinion émise par M. Urtis dans ce chapitre ; on verrait qu'autrefois on ne marchandait pas la peine de mort pour des fautes presque légères, quand on les compare avec la peine dont elles étaient passibles, et qui, malgré cela, se multipliaient à un degré effrayant (1).

(Page 194.) L'auteur dit : « Puisque la » peine de mort est reconnue nécessaire en » certains cas........ » C'est ce que je nie , et ici on donne pour *accordé* ce qui est *contesté.*

(1) Le rapport de Lepelletier de Saint-Fargeau est, il me semble, un document bien favorable à l'abolition de la peine de mort; c'était bien *sciemment* qu'il venait réclamer la suppression de la peine capitale pour tous les cas, excepté pour celui de rebellion (comme l'auteur le rappelle dans le chapitre où il est question des crimes politiques); car Lepelletier de Saint-Fargeau et ses collègues des bureaux de la Constituante, avaient à leur disposition la preuve matérielle que la peine de mort n'était pas un élément *nécessaire* de répression, puisqu'ils n'avaient qu'à fouiller dans les archives

A tout ce que dit ici l'auteur, on répond en renvoyant à la *Gazette des Tribunaux*, dont les colonnes sont couvertes de récits qui prouvent que la menace de la peine de mort n'intimide pas les hommes passionnés. Je l'ai dit souvent, mais la répétition des mêmes argumens entraîne la répétition des mêmes répliques; or, je ne conçois pas qu'on parle de *l'efficacité*, de la *nécessité* d'une peine, en face d'une foule de faits qui prouvent son *insuffisance*. Le meurtrier sait qu'il court au-devant de l'échafaud; cette crainte ne l'arrête pas! C'est donc au législateur à chercher une

criminelles pour se convaincre que l'adoucissement des peines, qui avait déjà prévalu en partie sous Louis XVI, n'avait pas augmenté le nombre des crimes. Qu'on observe bien ce qui s'est passé depuis la motion de Duport en faveur de l'abolition de la peine de mort, jusqu'à ce jour, et l'on conviendra que son maintien n'est dû qu'à des circonstances politiques, étrangères au fond de la question elle-même. La Convention avait déclaré qu'elle serait abolie à la paix; or, si ses decrets doivent avoir force de loi, on ne devrait pas faire une exception pour celui-là!

autre peine. L'auteur prétend que le criminel raisonne, et pourtant il s'expose à la mort! Il ne la craint donc pas, et elle n'a donc pas la vertu réprimante qu'il lui attribue!........

Ce *point d'honneur*, dont l'auteur parle (page 204), qui engage les condamnés à témoigner du mépris pour la mort, n'est-il pas destructif de l'exemplarité du supplice? ne lui enlève-t-il pas, aux yeux des masses, toute son efficacité?

(Page 205.) N'y a-t-il pas dans le système pénitentiaire tous ces échelons que réclame ici l'auteur, pour intimider les malfaiteurs? S'ils n'existent pas, qu'est-ce qui empêche le législateur de les placer dans le Code pénal le jour où il abolira la peine de mort?

(Page 206.) On répond ici à l'auteur que quand un remède tue le malade au lieu de guérir la maladie, on en cherche un autre. On répond que si la vue du sang répandu sur l'échafaud excite chez quelques individus le besoin d'en répandre à leur tour, comme le disent quelques savans observateurs de la nature humaine, on va en sens contraire du but que s'est proposé le législateur : tel est un des motifs de ces philanthropes que l'auteur accuse de vouloir priver la société d'une garantie qui lui paraît *une nécessité*, et qui à leurs yeux est un *danger*.

(Page 208.) Ici il faut que l'auteur prouve encore que les délits, anciennement passibles de la *peine de mort*, et qui ne le sont plus que de peines temporaires, ont considérablement augmenté. Sans cette preuve, il s'expose à faire des suppositions entièrement gratuites en faveur d'un système qui répugne aux mœurs actuelles, et qui ne peut se justifier que par son *extrême efficacité* aux yeux de ceux qui admettent *sa légitimité*, à charge pour lui de prouver *son utilité*.

(Page 209.) L'auteur accuse les partisans de l'abolition de la peine de mort *d'irréflexion*. Il faut donc taxer *d'irréflexion* les auteurs de la loi Porcia, Montesquieu qui en fait l'éloge, l'impératrice Elisabeth, le grand-duc Léopold, Adrien

Duport, Carnot qui la réclame dans son commentaire du Code, les cours impériales de Turin et de Rennes qui la conseillaient à Napoléon, M. Livingston, sir Samuel Romilly, lord Brougham. Il est glorieux d'être *taxé d'irréflexion*, quand on l'est avec des hommes pareils! L'auteur s'élève contre *les déclamations* (1); mais n'en trouve-t-on pas quelques traces dans ces allocutions fréquentes, adressées à des hommes qui ont tout autant que lui le désir de préserver la société des crimes dont

(1) Il est d'ailleurs permis de parler avec *quelque chaleur* d'un pareil sujet! Il me souvient que la première ou la seconde fois que j'ai pris la parole au sein du Conseil Souverain de Genève, pour réclamer l'abolition de la peine de mort, je finis par dire que s'il fallait la demander *à genoux*, j'étais prêt à le faire pour l'obtenir. Or, j'ai vu avec plaisir dans les journaux que le chancelier d'Angleterre, lord Brougham, avait eu le même mouvement en suppliant les lords de voter la réforme qu'il considère comme une question *vitale* pour l'Angleterre. Les fortes convictions produisent quelquefois les mêmes effets sur des hommes de talens bien divers!!!

elle est sans cesse menacée par les passions des hommes, des hommes qui ne voient que trop souvent le peu de cas que l'on fait de leur vie, quand les mots enivrans de *gloire* et d'*honneur* exaltent la tête de leurs chefs?

Que l'auteur se tranquillise : les partisans de l'abolition de la peine de mort ne font que fermer une porte de plus à *l'impunité* (1).... Ils veulent de plus soustraire la génération qui s'élève à un spectacle dangereux pour ses mœurs!

CHAPITRE XVIII.

L'auteur, si positif quand il est question de laisser aux juges la faculté d'appliquer

(1) Lisez la *Gazette des Tribunaux*, lisez les *reports* ou rapports de la justice criminelle de France et d'Angleterre, et vous [verrez si les efforts des philanthropes sont le fruit d'une fausse

la peine capitale, me paraît bien accom-
modant quand il est question d'abandonner
ce qui jusqu'à présent avait été considéré
comme le principal avantage du dernier
supplice, son effet exemplaire sur la mul-
titude. Il consent à ce que les exécutions
se fassent dans un lieu secret. C'est, à mes
yeux, une immense concession, que d'a-
vouer que ce spectacle peut être plus *nuisible qu'utile!* Mais qui voudra accepter
une pareille concession! L'histoire n'est-
elle pas pleine de ces exécutions *secrètes*
qui facilitaient tant d'iniquités? a-t-on déjà
perdu de vue ce *pont des soupirs* (1), d'où
les inquisiteurs de Venise faisaient pré-
cipiter leurs victimes? A-t-on perdu de
vue les oubliettes de Richelieu et tant
d'autres horreurs qu'il me coûte trop de

humanité. Prendrez-vous M. le professeur Quetelet,
de Bruxelles, pour un étourdi? Eh bien! ce savant,
après avoir soumis *au calcul* toutes les chances
des crimes et de leur répression, ce savant, dis-je,
émet des vœux contraires à l'échafaud!

(1) Voyez l'*Histoire de Venise* de M. Daru.

retracer? Non, le dix-neuvième siècle ne doit pas ramener ces mystères sous prétexte de ménager un sentiment qui serait encore bien plus blessé quand il pourrait soupçonner des cruautés *légales*, commises au nom de la civilisation.

Dans ma brochure intitulée : *Un Mot*, etc., publiée en 1826 (1), pour annoncer mon concours en faveur de l'abolition de la peine de mort, je proposai une cérémonie imposante, au moment de la condamnation au châtiment qui devait tenir lieu de la peine capitale, une cérémonie qui ne se serait pas facilement effacée du souvenir de la foule !

(1) La même année que la Société de Morale Chrétienne en a ouvert un sur le même sujet ; ce qui a fait que quelques personnes les ont confondus. Ce qui a ajouté encore à cette erreur, c'est que M. Charles Lucas a été couronné par le jury que j'avais convoqué et par la Société de Morale Chrétienne, à peu près à la même époque. Ce n'était pas trop de deux concours sur un pareil sujet !

CHAPITRE XIX.

Sur le Système Pénitentiaire.

C'est toujours avec un vif plaisir que je
vois s'élever une discussion sur le système
pénitentiaire, car il n'en est aucune qui
ne puisse lui devenir profitable, et ajouter
aux garanties qu'il offre à la société, sans
donner le spectacle pénible de celles qu'on
demande à la guillotine ou à la potence, de
ces garanties qui sont une protestation perpétuelle contre la possibilité de régénérer
une créature humaine. Voilà pourquoi
M. Livingston émet le vœu qu'on place
sur le fronton des maisons pénitentiaires,
ces paroles dictées par Dieu lui-même :
« *Je ne veux pas la mort du pécheur,*
» *mais qu'il se convertisse et qu'il vice.* »
M. le duc de la Rochefoucault de Liancourt a apporté en France toutes les con-
naissances qu'il avait puisées en Amérique

sur ce sujet ; Howard a constamment plaidé
partout la cause du perfectionnement des
prisons ; Mme Fry (1) a prouvé, dans celles
de Londres, ce que pouvait la persévérance soutenue par le sentiment religieux.
M. Charles Lucas a transcrit en français
les observations de M. Livingston, et, depuis peu, un traducteur intelligent a en-
richi la France des ouvrages du docteur
Julius, de Berlin, et des notes de M. le
professeur Mittermeier, de Heidelberg, sur
ce sujet. Les prisons de Genève et de Lausanne offrent à tous les administrateurs
la preuve que cette théorie peut être mise
en pratique sur le continent européen.
Avec toutes ces données, comment renon-
cerait-on à un moyen si naturel de remplacer l'échafaud, à un moyen susceptible
de recevoir chaque jour de nouveaux per-

(1) Le beau-frère de cette femme respectable,
M. Cunningham, a publié *des notes* sur les prisons
du continent qui méritent toute l'attention du
législateur. (Elles se vendaient, à Paris, rue de
Grammont n° 7, et à Genève, chez MM. Barbezat
et Delarue, rue du Rhône.)

fectionnemens? M. de Bérenger a dit, dans son rapport à la Chambre, que ce système *avait besoin d'être étudié;* c'est vrai! mais, en attendant, il offre l'avantage de séquestrer de la société un homme qui a violé ses lois : les anciens Grecs ne demandaient pas autre chose à leurs lois pénales, et le meurtrier avait toujours l'option du bannissement perpétuel ou de *la mort*. L'amour de la patrie agissait si puissamment sur eux, qu'ils choisissaient souvent la *dernière;* mais, dans le cas contraire, la société se montrait tout aussi satisfaite.

(Page 217.) Le système pénitentiaire est entièrement en harmonie avec le christianisme, qui est si répandu dans le monde civilisé. Ainsi, je ne conçois pas ce que l'auteur lui trouve de si *étrange*. Il y a une peine, et une peine fort sévère, dans la privation de la liberté; voilà ce que les partisans de la peine de mort perdent de vue trop souvent, quand ils nient l'effet *préventif* du système adopté à Genève et à Lausanne !!!

Je crois que toutes les objections conte-
nues dans ce chapitre peuvent être levées
en prolongeant le séjour des condamnés
dans les maisons pénitentiaires, où ils con-
tractent des habitudes (1) qu'ils ne perdent pas ensuite dans le monde si facilement, surtout quand le gouvernement

(1) Le numéro du *Semeur* du 2 novembre
1381, contient un article fort intéressant sur les
visites de Mme Fry dans la prison de Newgate
(à Londres), où elle vient continuellement s'occuper de la régénération morale des prisonnières.
La direction des maisons pénitentiaires deviendra
dans toute l'Europe un objet d'un vif intérêt pour
une foule de personnes des deux sexes, qui souvent
ne trouvent pas l'emploi d'une vive sensibilité et
d'un temps précieux. Dans toute les villes, il
pourra se former des comités ou des commissions
chargées du *moral* et du matériel des prisons,
comme on en voit en Amérique, à Genève, à Lausanne, dans le grand-duché de Baden, et comme
il y en déjà depuis long-temps à Paris. Tel jeune
homme qui autrefois se serait cru obligé d'aller
verser le sang sur un champ de bataille, passerait
sa vie à soulager l'infortune et à ramener ses semblables au bien; ce serait des chevaliers hospita-
liers avec des coups d'estoc et de taille de moins!

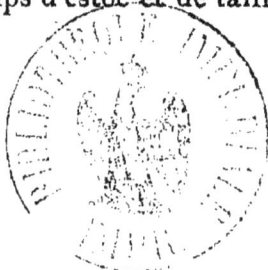

étend sur eux une main protectrice à leur sortie, et leur procure de l'ouvrage dans les premiers momens, qui sont en général les plus difficiles à passer pour un détenu libéré. On a proposé à cet effet des ateliers de travail, des maisons de refuge sous le nom d'asiles, pour la transition entre la sortie du prisonnier et l'époque où il est à même d'embrasser une profession ou un métier quelconque. C'est ainsi qu'a procédé, à Turin, Mme la marquise de Barrol, pour des prisonnières qu'elle avait prises sous sa protection.

Il est peu de métiers lucratifs, il est peu d'occupations auxquelles un prisonnier ne puisse se livrer; l'agriculteur seul est forcé de renoncer aux siennes, encore peut-on lui en procurer qui ont quelque analogie avec celles qui absorbent son temps pendant l'hiver.

Un instinct secret engage souvent les partisans de la peine de mort à exagérer les difficultés que présentent l'établissement et l'entretien du système pénitentiaire; le législateur impartial ne s'arrêtera pas à de pareilles fins de non recevoir, surtout quand il aura lu avec attention le tableau comparatif et philosophique du système pénitentiaire et de celui de l'échafaud, qui se trouve page 385 de l'ouvrage de M. Charles Lucas sur la peine de mort.

Qand on lit ou qu'on a lu ce que Mme de Staël a écrit sur le talent, et surtout sur le goût des Français de toutes les classes pour la conversation, on ne peut croire qu'ils ne soient extrêmement épouvantés par la perspective de *l'emprisonnement solitaire*, dont miss Right fait un si sombre tableau dans son Voyage d'Amérique, cité par l'auteur.

La preuve que, jusqu'à présent, on n'a pas douté de la régénération des meurtriers, c'est que, dans les bagnes, les hommes qui n'ont dû la vie qu'à des déclarations de *non préméditation* ou à la grace du roi, jouissent de la plus grande liberté, et ont à leur disposition des outils de toute espèce, dont ils pourraient se servir pour exécuter les projets les plus funestes.

L'auteur déplore (page 233) le danger

qui résulte des rapports qui existent entre
les prisonniers de moralités bien différentes ; mais on les a prévenus en partie
par l'isolement dans lequel ils vivent pendant la nuit, par le silence qu'on leur impose pendant le jour, ainsi que par la
sévère proscription des cartes et des li-
queurs enivrantes.

CHAPITRE XX.

L'auteur, non content d'avoir comparé
plusieurs fois l'homme à des animaux, le
compare encore ici à des objets inanimés,
tels que des édifices qu'on laisse détruire
par les flammes pour en sauver d'autres !
Les notions que nous avons sur la nature
de l'ame ne sympathisent pas avec cette
manière d'argumenter !

Plus d'une confession publiée par de
grands hommes, démontre qu'il ne faut

jamais désespérer d'aucune créature humaine.....

Après avoir invoqué la peine de mort (page 237), au nom *du péril social*, l'auteur, séduit par son cœur, déplore la mort du malheureux Debacker (1), qui, dans un transport de jalousie, avait tué sa maîtresse. Or, s'il existe un *péril* véritable, c'est celui de laisser sans protection des êtres faibles, exposés aux violences d'êtres forts, auxquels ils s'associent. L'auteur reproduit lui-même des paroles de Debacker, qui prouvent que cet homme aurait peut-être été retenu par la crainte de *l'emprisonnement solitaire*, tandis qu'il a bravé l'échafaud.

(Page 240.) Ici l'auteur semble vouloir réserver la maison pénitentiaire à des hommes qui n'ont pas besoin d'y séjourner pour se régénérer. Qu'il se persuade donc bien que le régime qu'on y adopte est précisément le plus propre de tous à ramener des scélérats au bien. Ici, qu'on

(1) Voyez la *Gazette des Tribunaux*.

me permette de rappeler oncore la réus-
site des efforts de Mme Fry dans les prisons de Londres.

Je nierai toujours qu'il puisse exister
des êtres *fatalement organisés*, comme
dit l'auteur, condamnés *à toujours mal
faire;* mais si j'étais assez malheureux
pour avoir cette opinion, je me garderais
bien de la publier, car il n'est pas un
homme violent qui ne se crût prédestiné
à être le meurtrier de ses adversaires. Cet
homme deviendrait fou, comme on en a
vu tant d'exemples, ou se livrerait à tous
les crimes sans remords.

Je conviens qu'il est des êtres plus mo-
biles les uns que les autres. Eh bien! qu'on
s'empare de cette disposition pour les
pousser vers le bien; ils s'y plongeront avec
ardeur! Occupez-les à *bien faire*, ils n'auront pas le temps de se livrer au mal.
Or, tel est le principe du système pénitentiaire qui peut s'appliquer à l'éducation
générale du genre humain. Quand les
généraux romains craignaient une sédition
de la part des légions, ils les occupaient

à construire des routes ou à creuser des canaux !

—

CHAPITRE XXI.

L'auteur vante ici *l'antiquité* de la peine de mort! On a déjà répondu, dans l'Assemblée Constituante, que si Dieu avait voulu condamner *irrémissiblement* à mort les meurtriers, il aurait commencé par Caïn, tandis qu'au contraire, il ne lui imposa que la peine du bannissement. D'autres exemples, puisés dans l'histoire ancienne et cités par l'auteur lui-même, détruisent l'argument fondé sur l'antiquité et l'universalité de la peine de mort. Je dois rappeler ici, à cette occasion, que les capitulaires de Charlemagne et tous les codes du moyen-âge, admettaient des compositions en argent, ou *le jugement de Dieu* pour la réparation d'un meurtre;

ces exemples prouvent que la conscience publique n'a pas toujours considéré la peine de mort comme une *nécessité*.

Saint Louis, en accordant sa grâce à Enguerrand de Couci, qui fit pendre trois gentilshommes qui avaient chassé sur ses terres, protesta devant Dieu que, malgré sa parenté et les services qu'il avait rendu à l'état, il l'aurait condamné à mort, s'il avait cru qu'un meurtre fût *irrémissiblement* passible de la peine de mort.

Le lecteur trouvera dans la législation pénale de M. le marquis de Pastoret, dans le discours de Servan sur la justice criminelle, dans les discours de Duport, de Livingston, de sir Samuel Romilly, de sir James Mackintosh et de lord Brougham, des preuves historiques propres à réfuter ce qu'on a dit de *l'universalité* de la peine de mort dans l'ouvrage dont je m'occupe.

Dans la brochure que j'ai publiée pour faire connaître le Code de Léopold, grand-duc de Toscane (1), je crois avoir répondu

(1) En octobre 1831.

à la page 243 de l'ouvrage de M. Urtis. Si,
cependant, le lecteur conservait encore
des doutes sur les heureux effets de l'abolition de la peine de mort en Toscane, je
crois qu'ils se dissiperaient à la lecture des
ouvrages de M. le professeur Carmignani,
de Pise, qui n'a cessé de proclamer ces
résultats dans les cours publics qu'il a
donnés.

L'auteur s'étonne que le grand-duc
Léopold, devenu empereur d'Allemagne,
n'ait pas supprimé la peine de mort dans
ses nouveaux états. Il oublie, sans doute,
qu'à peine couronné, il fut obligé de s'occuper de la révolution française, qui ab-
sorbait l'attention de tous les cabinets de
l'Europe ; il oublie que Marie-Thérèse et
Joseph II, ses deux prédécesseurs, atten-
tifs aux principes proclamés par Beccaria,
avaient presque entièrement banni la peine
de mort de leurs Codes. S'il désire connaître le motif du rétablissement de la
peine de mort en Toscane, il le trouvera
dans les mémoires de Scipion Ricci, auteur contemporain, qui rend compte de

la réaction qui amena la destruction de toutes les réformes de Léopold après son départ pour Vienne.

L'impératrice de Russie, Elisabeth, donna une telle publicité au serment qu'elle avait prêté de ne condamner personne à mort pendant son règne, qu'il n'est pas exact de dire, comme l'a fait l'auteur, que la menace de la peine capitale était toujours restée là pour protéger la société. Lévêque, historien de la Russie, nous apprend que l'humanité d'Elisabeth, loin d'être fatale à ce grand empire, avait contribué à adoucir ses mœurs.

La menace, quand elle n'est pas suivie d'effets, n'impose pas long-temps; il vaut mieux descendre d'un échelon, et s'y tenir ferme, que de laisser les esprits indécis. *La certitude de la peine* est la condition la plus nécessaire de son efficacité; telle est au moins l'opinion de tous les moralistes et de tous les criminalistes. Or, comment acquérir cette *certitude* avec le discrédit général où est tombée la peine de mort?

(Page 249.) Je répèterai à l'auteur ce

que j'ai déjà dit ailleurs ; c'est que, jusqu'à ce qu'on prouve que les autres hommes craignent plus la mort que les Toscans, je croirai que la peine capitale n'est pas plus efficace ailleurs qu'en Toscane. Si ce raisonnement est juste, les utilitaires déclareront que le maintien de la peine de mort n'est pas une *nécessité;* Bentham a déjà fait cette déclaration !

(Page 254.) Me sera-t-il permis d'accuser ici les passions haineuses, les dissensions religieuses et politiques, du rétablissement de la peine de mort dans certains pays, et à certaines époques ? Je soumets ce doute à l'auteur, et je lui rappellerai qu'on n'a que trop répété : *qu'il n'y avait que les morts qui ne revinssent pas !* Convaincu que l'auteur tend au même but que moi, c'est-à-dire de préserver la vie du plus grand nombre d'hommes possible, j'aime à en appeler à son jugement dans cette occasion.

CHAPITRE XXII

L'auteur se flatte d'avoir enlevé à la peine de mort tout ce qu'elle a d'odieux! mais ne reste-t-il pas toujours cette omnipotence de l'homme sur la vie de l'homme qui révolte la raison?

Le recueil des *Causes célèbres* n'est-il pas là pour accuser la faillibilité des juges permanens, ainsi que celle des jurés? Ne voit-on pas, d'un côté, la famille Calas s'avancer pour accuser les premiers, et de l'autre Lesurque et ses compagnons d'infortune pour accuser le jury?

(Page 262.) L'auteur, dans l'intérêt de sa cause, repousse ces inquiétudes, les accuse d'exagération, c'est dans l'ordre; mais il a beau faire, il ne peut démentir les faits, et ces faits sont accablans!

C'est en vain qu'il cherche à atténuer ce qu'a dit M. Lucas sur les onze personnes, qui, en 1826, durent la vie à leur pourvoi en cassation ; car l'auteur n'est pas admis à donner plus de valeur au premier jugement qu'au second, et dans le doute il est permis de se décider pour l'innocence. Je ne conçois pas l'incrédulité de l'auteur à l'égard de la *faillibilité* des juges ; je conçois encore moins la philosophie, la résignation, avec laquelle il parle de la condamnation d'un innocent, car cette pensée seule m'ôte tout le sang-froid nécessaire pour écouter les argumens en faveur de la peine de mort : je me reproche d'autant moins ce sentiment, que je l'ai vu constamment partagé par l'immense majorité de mes semblables, frémissant à la pensée seule d'un événement aussi désastreux.

SUR LA

SECONDE PARTIE DE L'OUVRAGE.

━━●○●━━

CHAPITRE I.

Sur la Peine de Mort en matière politique.

L'auteur rappelle ici que la commission de l'assemblée constituante n'avait réservé qu'un seul cas où la peine de mort fût applicable, et que c'était *à un chef de parti déclaré rebelle par un décret du corps législatif*, et que la Chambre de 1830 avait, au contraire, demandé l'abolition de la peine de mort pour les crimes politiques (1).

(1) Lors de la proposition de M. de Tracy, en 1830, la tournure que prit la discussion me fit craindre que tout se bornât à l'abolition de la

Il explique cette différence par le calme dont jouissait l'assemblée constituante (calme que je ne vois pas trop confirmé par l'histoire), et par les illusions généreuses de la Chambre de 1830, qui voulait que la plus douce philanthropie caractérisât la révolution qu'elle venait d'opérer ; il rappelle, à cette occasion, les troubles du midi et de la Vendée, pour justifier ce qu'il a dit des illusions de la Chambre, et donne des explications sur l'ouvrage de

peine de mort en matière politique, et je prévis à l'instant la fureur du peuple, de ce qu'on semblait réserver la guillotine pour des crimes dont les hommes des classes inférieures se rendent plus souvent coupables que les autres, tandis qu'on la supprimait en faveur d'actes qui ne proviennent ordinairement que d'hommes nés dans une classe plus relevée. Pénétré de cette idée, j'écrivis aussitôt à un membre de la commission de la Chambre des Députés, pour qu'il la suppliât de donner un avis favorable à l'abolition *absolue* de la peine de mort; cette lettre fut imprimée, et je la fis distribuer à un grand nombre de députés. C'est à la Chambre de 1831 à faire ce que n'a pas pu faire celle de 1830! Amen!

M. Guizot sur la peine de mort en matière politique.

Dans ce moment même, n'est-il pas question de *rafraîchir* des lois portées dans des momens d'effervescence, et qui forceraient les juges à renouveler des scènes qui ont excité l'horreur du monde civilisé tout entier? La lecture des *Causes polititiques* est propre à faire reculer le plus ardent sectateur de la peine de mort. J'ose espérer qu'il n'y aura pas besoin de l'éloquence de l'illustre auteur du *Génie du Christianisme* pour empêcher des législateurs du dix-neuvième siècle de sanctionner par leur vote des lois qui pourraient atteindre mortellement des vieillards, des femmes, des enfans, appartenant à deux familles, dont l'une a donné à la France Henri IV et l'autre Napoléon. J'ose espérer que l'illustre écrivain dont l'ouvrage réveilla en France le sentiment religieux, démontrera un jour que l'esprit de ce christianisme, qu'il a peint avec des couleurs si brillantes, condamne ou proscrit avec la même sévérité les peines irréparables, soit qu'elles frappent l'humble artisan, soit qu'elles viennent souiller de sang le bandeau des rois; j'espère qu'il en appellera à ce même christianisme pour proscrire le glaive, qui, dans son aveugle fureur, sert également les projets d'un Louis XI et d'un Henri IV, d'un Cromwell ou d'un Monk.

S'il est vrai, comme le dit l'auteur, que l'ouvrage de M. Guizot sur la peine de mort en matière politique fût un livre de circonstance à l'époque où il fut publié (en 1815 ou 1816), il n'en est pas moins vrai qu'il contient une foule de faits et d'argumens qui resteront pour justifier l'abolition absolue de la peine de mort en matière politique; car, pour décider le ministère public à ne pas réclamer l'application de la peine capitale à des actes consommés à cette époque, il fallait bien que l'auteur prouvât que cette peine avait cessé d'être une nécessité.

Dans tous mes écrits, j'ai émis l'opinion que M. Guizot et ceux qui pensent comme lui en viendraient à reconnaître que, pour

sauver les hommes passibles de la peine
capitale pour des actes, qui souvent ne
sont que des fautes, des erreurs, ou même
des actions généreuses, il fallait effacer du
livre où sont contenus les droits de la société celui de prononcer la destruction
d'un de ses membres.

L'auteur termine son livre par le tableau
si souvent reproduit des associations de
brigands, que la peine de mort, avec toutes
ses horreurs, n'a jamais pu réprimer dans
un temps où elle était bien plus fréquem-
ment appliquée qu'aujourd'hui. Ces tableaux militent en faveur de tout ce que
M. Emmanuel de Las-Cases, M. Prosper
Lucas et M. de Lamartine, ont dit tout
récemment sur l'urgence d'accorder aux
classes indigentes de la société une instruction proportionnée à la place qu'elles oc-
cupent maintenant dans l'ordre social; ces
tableaux désolans des bagnes et des complots qui s'y trament contre la société, sont
un argument puissant en faveur du régime
introduit dans les maisons pénitentiaires!

SUPPLÉMENT

Contenant

DES

CONSIDÉRATIONS SUR LA PEINE DE MORT

POUR LES CRIMES POLITIQUES

EN PARTICULIER.

———————

Les événemens qui se sont passés dans toute l'Europe depuis le 29 juillet 1830, doivent donner un nouveau prix à l'ouvrage que M. Guizot publia en 1822 (1), pour inviter le parti alors triomphant à

(1) Intitulé : *De la Peine de mort en matière politique.*

user sobrement de sa victoire. Ce qu'il disait alors trouve son application aux mesures de sévérité qu'on pourrait vouloir réclamer dans ce moment, non-seulement en France, mais dans toutes les contrées où la révolution de juillet a trouvé un écho réprimé par l'autorité. Les paroles de M. Guizot doivent avoir d'autant plus de poids, qu'il réunit en lui la double qualité de publiciste et d'homme d'état. Les cruelles réactions qui sont le résultat ordinaire des condamnations capitales donnent infiniment d'autorité aux réflexions auxquelles il se livre dans sa préface, où il trace aux écrivains consciencieux la marche qu'ils doivent suivre pour obtenir du pouvoir ce qui lui convient autant qu'aux masses, mais ce qu'il n'accorde ordinairement que quand il est trop tard, ou qu'il y est évidemment contraint. « La vérité (dit M. Guizot) » se glisse lentement dans l'esprit du pou- » voir; et quand elle y entre, ce n'est pas » pour y régner aussitôt. Il refuse long- » temps de la croire : forcé de la croire,

» il refuse long-temps de lui obéir. Je n'ai
» pas besoin d'en dire les raisons.

» Précisément à cause de cela, il faut,
» quand le pouvoir se trompe, se hâter d'en
» convaincre le public, d'établir dans l'opi-
» nion ce qui ne pénètrera que si tard dans
» les faits. Plus la route est longue, plus
» on doit se mettre en route de bonne
» heure. On peut alors, même avant d'ar-
» river, obtenir quelques résultats (1). »

La protestation de M. Dupin aîné contre
le jugement du maréchal Ney, dans la séance du 12 novembre 1831, démontre bien
tout ce qu'il y a de dangereux dans la peine
capitale. C'est une arme qui bien souvent
se retourne contre ceux qui s'en sont
servis quand ils ont perdu leur bouclier.

J'ai lu dans le *Moniteur* le rapport de

(1) Ce peu de mots doit me servir d'apologie
pour la multiplicité des écrits que j'ai publiés en
faveur de l'inviolabilité de la vie de l'homme,
appliquée au Code pénal et international, pour
bannir du monde civilisé les échafauds et les
champs de bataille. Pour y parvenir, je me suis
adressé à la fois au pouvoir et à l'opinion.

la commission chargée d'examiner le projet
de loi « tendant à introduire des réformes
» dans les lois pénales. » On y reconnaît
le regret de n'avoir pas cru pouvoir hasar-
der encore l'abolition *absolue* de la peine
de mort, mais l'intention bien manifeste
de procurer soit aux jurés, soit aux juges,
la faculté de ne jamais l'appliquer (1).
Comme il ne faut pas beaucoup de perspi-
cacité pour deviner ce résultat, la peine de
mort ne sera plus pour personne *le Roi
des épouvantemens;* or rien de plus dangereux pour la morale publique qu'une
menace *vaine.* Je n'espère pas convaincre
mes adversaires par ce raisonnement, mais
la multiplicité des acquittemens les forcera,
je n'en doute pas, à invoquer une peine
qui soit en harmonie avec les mœurs actuelles.

(1) Joignez à cela le droit de grâce que se sont
réservé les *Souverains*, soit dans les monarchies,
soit dans les Républiques, et vous aurez entièrement détruit cette certitude de la peine, que Montesquieu considère comme le *palladium* de la
société.

Dans la page ix de sa préface, M. Guizot annonce ce que feront les hommes d'aujourd'hui quand ils seront appelés à juger leurs semblables et à prononcer un verdict, dont dépendraient leur vie et leur mort.

(Page x.) « Si la peine de mort est en » politique inefficace, inutile, dangereuse » même, pourquoi tarder à le dire? Pour- » quoi taire la vérité, jusqu'au jour où des » faits terribles viendront la proclamer? » Ces faits, dit-on, ne viendront point! » S'ils ne doivent pas venir, ce n'est pas un » livre qui les amènera, s'ils étaient jamais » possibles. *Qui se pardonnerait* de ne les » avoir pas annoncés d'avance? »

M. Guizot quitte de temps en temps le terrain des idées *absolues*, pour aborder celui des idées relatives, sans songer qu'en fait de vie et de mort, la moindre concession ouvre une porte immense aux exceptions, et permet *à l'opportunité* de venir battre en brèche le système le plus juste et le plus honorable.

Qu'on repasse dans sa mémoire tous les procès politiques depuis qu'il y a une société, et l'on verra si l'opportunité n'a pas toujours servi de prétexte à ceux qui voulaient un sacrifice humain *à tout prix!* On verra s'il y a moyen de préserver le présent et l'avenir de scènes pareilles, autrement qu'en proclamant que la *vie de l'homme* est un bien inaliénable, un bien sur lequel la société n'a aucun droit.

(Page XVIII.) M. Guizot semble tirer ici l'horoscope de la révolution de 1830, et prévoir que, pour capter l'opinion, il faudra désormais montrer de la modération.

(Page XXII.) M. Guizot prévoyait, en 1822, que : « *l'opposition n'était pas* » *vaine, qu'elle avait pour le moment* » *peu d'effets directs,* mais qu'elle pourrait » semer, et que l'avenir recueillerait certai- » nement le fruit de ses efforts.» Effectivement, c'est à cette opposition que la Chambre des Députés doit l'initiative dont elle jouit et le progrès qui se fait remarquer dans le projet de loi tendant à introduire des réformes dans les lois pénales.

CONDAMNATIONS

A MORT

POUR CAUSES POLITIQUES.

———

Machiavel, dans son histoire florentine, fait un éloge pompeux de Théodoric, roi d'Italie, et regrette seulement qu'il ait souillé sa gloire par la condamnation à mort de Simmaque et de Boëce. (Livre 1er *delle Istorie*).

———

L'histoire condamne hautement Charles d'Anjou, frère de saint Louis, pour avoir fait périr Conradin sur l'échafaud. Quand on n'a pas le temps de relire cette lamentable aventure dans l'histoire, il faut la chercher dans la *Biographie universelle*, où elle est racontée de la manière la plus intéressante.

Elisabeth a souillé le plus beau règne par la mort de Marie Stuart, et a laissé la réputation d'une femme envieuse et barbare.

Pierre-le-Grand, qui avait la prétention d'arracher le peuple russe à la barbarie, révolta contre lui tout le monde civilisé, par la condamnation à mort de son fils, qu'il accusait de conspirer contre lui.

La mort de Barneveldt indigna le monde entier contre le prince d'Orange.

———————

Le supplice de Servet a terni la mémoire de Calvin, l'un des plus grands génies de son temps; il a paru une inconséquence, puisqu'il semblait protester contre *la liberté d'examen* invoquée par les réformateurs eux-mêmes.

———————

Charles Ier, en abandonnant Stafford à ses ennemis, en permettant qu'il pérît sur l'échafaud, a détruit, en partie, l'intérêt qu'inspire son malheureux sort; car, à ses yeux du moins, il devait paraître innocent.

———————

La mort de Charles Ier a rendu la révolution d'Angleterre odieuse, et retardé le triomphe de la liberté.

———————

La mort de Louis XVI a excité de vio-
lentes tempêtes contre la France : son sang
a fait couler celui de bien des milliers
d'hommes !......

Louis XVIII, en refusant la grace du
maréchal Ney et de Labédoyère, a fait
beaucoup d'ennemis à sa maison ; il aurait
pu se montrer généreux sans courir aucun
danger, car Napoléon avait quitté les ri-
vages de la France, quand ces deux malheureux guerriers furent mis en jugement.

M. de Chateaubriand, dans sa dernière
brochure, M. Pagès et M. de Martignac à
la tribune, me semblent avoir victorieusement réfuté ce que M. Urtis dit en faveur
du maintien de la peine de mort en matière politique : mais il ne faut pas que le

législateur se décide sur une circonstance particulière et unique ; il faut qu'il cède à son respect pour la vie de l'homme , et non à l'intérêt qu'inspire telle ou telle famille, quelque illustre qu'elle soit ; car , une fois qu'on permet à *l'opportunité* d'être juge en pareille matière , elle saura bien prouver son existence aux passions , qui souvent ne demandent que ce prétexte pour se satisfaire.

En plaidant la cause des Bourbons, M. de Chateaubriand a attaqué la peine de mort elle-même , sentant bien que de nos jours il fallait rendre *toutes* les têtes inviolables pour sauver celles des rois. En 1268, il aurait peut-être fait comme ce prince, qui, en plein tribunal, abattit à ses pieds le juge qui avait osé condamner à mort Conradin, ce descendant de tant d'empereurs, de tant de rois, et qui, aux yeux d'un grand nombre de ses contemporains , était le seul possesseur légitime du trône de Naples. En 1831, M. de Chateaubriand a cherché à dépopulariser le pouvoir qui dispose de la force nécessaire pour mettre

à exécution l'article 91 du Code pénal.
Robert de Flandres, en tuant ce juge, se
servit des armes en usage en 1268; M. de
Chateaubriand a usé largement de l'arme
bien plus puissante de la presse, qu'il a
toujours revendiquée en faveur des écrivains pendant la restauration. Si les historiens futurs étaient incertains sur le degré de liberté dont ont joui les adversaires
du gouvernement français en 1831, la
brochure de M. de Chateaubriand pourra
les éclairer sur ce point; car, jamais coups
plus violens n'ont été portés, la visière
haute, à un pouvoir quelconque. Dans
cette brochure, il semble lui faire un crime
de n'avoir pas déclaré la guerre! Dans ce
reproche, je n'ai pas reconnu l'ame de
l'auteur du *Génie du Christianisme*, qui
devrait se soulever tout entière à la perspective des maux *irréparables* qu'elle
entraîne.

On est étonné de voir le même homme
frémir à la seule pensée qu'un arrêt de
mort puisse être prononcé contre un individu, faire un appel à des passions qui,

satisfaites, couvriraient de ruines et de cadavres une grande partie du monde civilisé. Ce contraste n'est point le fait de M. de Chateaubriand ; il est le fruit des mœurs et des opinions que nous tenons du moyen âge, où le christianisme et la civilisation étaient encore empreints d'une certaine rudesse qui tend chaque jour à s'adoucir. *L'honneur*, l'impitoyable honneur, *la raison d'état*, plus impitoyable encore, comptent pour rien la vie d'un homme, de milliers d'hommes. L'honneur moderne, tel que Mme de Staël l'a si bien décrit dans *l'Allemagne*, n'empêche point de faire une mauvaise action, mais il interdit à celui qui l'a faite de se la laisser reprocher. L'honneur, appliqué à la politique, à la *raison d'état*, ordonne souvent d'user de sa force pour opprimer le faible, pour exercer ce qu'on appelle sa *prépondérance*, afin d'imposer aux autres nations jusqu'à la *liberté*, comme le directoire français, qui, les armes à la main, chercha à prouver aux enfans de Tell, dans leurs propres montagnes, en face du Grutli, qu'ils avaient besoin d'une constitution plus libérale que celle dont ils jouissaient depuis près de 5oo ans.

L'honneur, appliqué aux relations privées, n'agit au moins que sur la vie de deux champions.

En revanche, *l'honneur* appliqué à la politique, à *la raison d'état*, a fait couler quelquefois le sang d'un grand nombre d'hommes pour venger une injure provoquée par un agent diplomatique. *L'honneur politique* a fait livrer de sanglantes batailles, pour qu'un peuple étranger fût gouverné avec certaines formes, répudiées quelquefois par lui-même. On force un paysan normand, languedocien, allemand, ou russe, à quitter sa charrue, non pour défendre la patrie commune, mais pour retarder les progrès de la civilisation en France, en Espagne, en Italie, ou pour les accélérer en Grèce.

L'événement a prouvé cependant, en général, qu'une *liberté* ou une *autorité* qui ne s'acquiert que par le secours des étrangers est rarement solide!...... Je ne produis pas ici des exemples, il n'est aucun lecteur qui ne me comprenne de reste!

Un sentiment noble, quoique irréfléchi, a souvent porté des hommes généreux à verser leur sang pour une cause étrangère à leur pays! Le régime constitutionnel a créé de nouveaux devoirs ; un citoyen pense maintenant que, n'ayant qu'une seule vie à offrir, il la doit à sa patrie !

La seule manière, peut-être, de concilier ce qu'on doit à sa patrie avec ce qu'on doit à l'humanité tout entière, est de créer, comme je l'ai demandé dans plusieurs de mes écrits livrés à la publicité, un grand jury européen arbitral, dont la majorité disposerait d'une force quelconque toujours à sa disposition pour faire exécuter ses sentences. Alors le citoyen travaillerait à la paix de son pays, tout en l'assurant chez les autres.

Je sais bien que les sentences arbitrales satisfont rarement les parties, mais elles ont au moins l'avantage de prévenir ou de faire cesser l'effusion du sang, ce qui en

9

est un très-grand aux yeux de ceux qui sont encore assez raisonnables pour ne pas préférer *la mort* au sacrifice de quelques prétentions.

La sentence arbitrale présente encore un autre avantage, c'est de ne pas céder à la partie adverse *directement;* et, pour en donner un exemple, le roi de Hollande préfère sans doute beaucoup recevoir la loi des grandes puissances réunies en conférence à Londres, qu'à la subir de la part du roi de la Belgique.

La guerre étant une condamnation à mort *en grand*, prononcée contre deux nations par leurs gouvernemens respectifs, en vertu d'une déclaration qui ressemble beaucoup aux cartels que s'envoient les particuliers, j'ai cru pouvoir donner une certaine étendue aux réflexions qui m'ont été inspirées par les reproches (peu mérités selon moi) adressés par M. de Chateaubriand au gouvernement qui régit la France depuis le mois de juillet 1830, à l'égard du système pacifique qu'il a embrassé.

Je ne puis appeler, comme l'auteur du *Génie du Christianisme*, une *grosse flagornerie*, la justice qui a été rendue à ce gouvernement par presque tous les écrivains du monde civilisé, qui ont apprécié *le courage d'esprit* qu'il lui a fallu pour résister à ces velléités de gloire et de conquêtes, qui sont si naturelles aux hommes en général, et aux Français en particulier.

Ces écrivains ont su gré au gouvernement d'épargner à la France une troisième invasion, toujours possible; car les armes sont journalières, comme l'ont observé d'illustres guerriers à la tribune de la Chambre des Députés.

L'auteur du *Génie du Christianisme* voulait qu'on livrât des batailles sur le Rhin pour imposer aux puissances qui dominent en Pologne et en Italie! Mais, en émettant ce vœu, songe-t-il à toutes les mères, à toutes les épouses qui auraient été privées de leur appui naturel par une mesure qui n'était pas évidemment commandée par l'intérêt de l'indépendance na-

tionale; qui désormais doit prendre la place
de cet honneur chimérique qui naguère
portait les hommes à employer leurs forces
à violenter de paisibles populations?

L'indépendance de la France exigeait
peut-être, après la révolution de juillet
1830, qu'aucun soldat étranger ne mît le
pied en Belgique, en Suisse, ni en Piémont; eh bien ! c'est ce qui est arrivé : cela
posé, quel reproche a-t-on à faire au gouvernement ?

M. de Chateaubriand parle avec un profond dédain de la neutralité des états de
second et de troisième ordre ; il oublie sans
doute la contenance de la Suisse après
la révolution de juillet, et sa ferme résolution de maintenir sa neutralité envers et
contre tous.

Une telle résolution, prise par un peuple
brave, donnera toujours le temps aux amis
de la paix de se grouper autour de lui, et
de former une ligue vraiment sainte, destinée à séparer de fait et de droit les puissances belligérantes.

La politique ordinaire, celle qui dicta

le traité de Westphalie, et tous ceux qui depuis ont eu la prétention de régler *à perpétuité* le sort de l'univers, n'est pas celle que j'invoque. Pour parvenir à ce but, je demande que la vie de l'homme ne soit plus traitée désormais comme une marchandise dont on puisse trafiquer à son gré !

Je demande qu'il ne soit plus permis à un gouvernement de proclamer qu'une expédition projetée, ne devant coûter probablement la vie qu'à un certain nombre d'hommes, il se détermine à la risquer. Je demande qu'il déclare, au contraire, qu'un tel sacrifice ne lui est pas permis, quelque avantage matériel qu'il s'en promette. Pour être juste, il ne suffit pas seulement de s'adresser aux gouvernemens établis ; il faut encore présenter une requête à ces hommes qui ne sont pas assez patiens pour attendre certaines réformes du progrès graduel des lumières ; il faut leur demander de calculer d'avance ce qu'une révolution projetée coûterait de maux *irréparables*. En agissant autrement, l'écrivain cesse d'être impartial, et abandonne la cause de l'inviolabilité de la vie de l'homme, qui doit être également respectée par les simples citoyens et par ceux qu'ils ont investi du pouvoir.

On ne refuse point aux citoyens le droit de saisir leurs armes pour défendre leur indépendance nationale ; on aime à penser qu'ils agiront comme les Suisses de Morgarten et de Grandson, qui, avant de combattre, mettaient un genou en terre, et prenaient Dieu à témoin de la justice de leur cause.

La postérité a ratifié tout ce qu'ils avaient juré au Grütli en 1308, parce que leurs privilèges avaient été outrageusement violés et qu'on leur avait refusé justice !

La postérité a condamné Charles-le-Téméraire, parce qu'il avait protégé l'agression du comte de Romont !......

———

Après une courte excursion dans le domaine de la guerre étrangère, revenons à

l'application de la peine de mort en *matière politique*, qui est ordinairement le
complément de la *guerre civile*, et l'armé
avec laquelle le vainqueur prétend *achever*
le vaincu après la victoire.

Dans tous mes écrits, j'ai signalé la disposition naturelle à réclamer *le droit
commun*, toutes les fois qu'on demande-
rait la répression d'un acte politique quelconque; telle fut la cause des *cris de mort*
qui se firent entendre pendant le procès
des ministres de Charles X, qu'on accusait du sang versé pendant les fameuses
journées du 27, 28 et 29 juillet 1830 (1).

Telle est encore maintenant la base de
l'argumentation de M. de Briqueville à la

---

(1) C'est la prévision de ces cris qui m'engagea
à publier une brochure, pour engager la Chambre
des Députés à étendre l'abolition de la peine de
mort aux crimes *privés*. L'homme du peuple, en
voyant abolir une peine qui ne frappe ordinairement que des hommes d'une classe distinguée,
croit qu'on réserve les peines irréparables uniquement pour les crimes commis plus communé-
ment par des hommes sortis de son sein.

tribune de la Chambre des Députés, car
voici les paroles qu'il y a prononcées (selon le *Constitutionnel* du 18 novembre
1831) :

« Je le répète : ma proposition, c'est
» l'art. 91 (qui prononce la mort), et
» j'insiste pour qu'il forme la pénalité de
» la loi. *Qu'on la raie du Code, j'y con-*
» *sens de grand cœur, je l'ai demandé;*
» *mais, jusque-là, je persiste à penser*
» *qu'au plus grand des crimes doit*
» *s'appliquer la plus grande des pei-*
« *nes* (1) !...... »

Dans la même séance, des députés qui
ont adopté toutes les gloires de la nation
qu'ils représentent, qui se souviennent
que Napoléon, en quittant l'Egypte au péril de sa vie, avait préservé la France d'une

----

(1) Quand je priais M. le duc de Guiche de
faire hommage, de ma part, à l'héritier pré-
somptif de la couronne de France, de l'ouvrage
de M. Charles Lucas et d'un de mes écrits en faveur de l'inviolabilité de la vie de l'homme, je
ne croyais pas que ce prince fût si tôt intéressé
personnellement à cette cause.

seconde terreur, qui lui savent gré d'avoir abdiqué deux fois la couronne plutôt que d'allumer une guerre civile, ont profité de cette occasion pour faire effacer les dispositions de la loi de 1816, qui menaçaient lui et sa famille d'une mort certaine, s'ils touchaient à la patrie pour laquelle il avait combattu toute sa vie.

La postérité aurait éprouvé un grand étonnement en voyant maintenir cette loi, la même année où le gouvernement français avait pris la noble résolution de replacer la statue de Napoléon sur la colonne de la place Vendôme.

L'empereur de Russie, Alexandre, qu'on a appelé l'Agamemnon de la Sainte-Alliance, en regardant cette statue, qui n'avait pas encore été renversée, s'écria : Il n'est pas étonnant que la tête tourne, quand on est placé si haut! Cette réflexion d'un ennemi généreux doit servir de réponse aux détracteurs de Napoléon, qui oublient trop souvent la position exceptionnelle où il s'est presque toujours trouvé, depuis le jour où, à l'âge de vingt-sept ans, il reçut le commandement de l'armée d'Italie.

C'est en vain que M. Urtis a cherché à prouver que l'ouvrage de M. Guizot sur la peine de mort en matière politique, publié en 1822, est entièrement dû à la circonstance; car voici les paroles qu'il a prononcées dans la séance de la Chambre des Députés du 16 novembre 1831, à l'occasion de la proposition de M. de Briqueville :

« Et moi aussi, Messieurs, je désap
» prouve comme inutiles et presque dan
» gereuses les mesures de proscription.
» J'adhère complètement à ce qui vous a
» été dit hier à ce sujet par deux de nos
» honorables collègues, M. Pagès et M. de
» Martignac. »

Plus loin, M. Guizot ajoute encore :

« Il est de notre plus grand intérêt d'é
» carter de la loi la moindre apparence
» d'exception ou de proscription. Il faut
» que nous combattions les prétendans à
» la couronne, les factions et les men
» songes des factieux par la liberté des

» discussions, par la publicité, par la
» réforme même de nos lois : au lieu d'ag-
» graver la législation, il faut travailler à
» l'adoucir, à la mettre en harmonie avec
» nos mœurs....., »

On voit, par ces paroles destinées à repousser l'application de la peine de mort,
que M. Guizot pense en 1831 comme il
pensait en 1822 !

Continuons à reproduire ici quelques
condamnations capitales qui, presque toutes, ont fait tort à la mémoire des hommes
qui les ont provoquées, qui, *toutes*, militent contre l'application des peines *irréparables*.

MORT DE JACQUES DE MOLAY.

La mémoire de Philippe-le-Bel est souil-
lée par la mort de ce grand-maître des
templiers, qui fut sacrifié, ainsi que ses
chevaliers, au désir du roi de s'emparer des

richesses de cet ordre illustre. Bossuet a dit
des templiers : « Ils avouèrent dans les
» tortures, mais ils nièrent dans les sup-
» plices. » Philippe-le-Bel *battit monnaie*,
comme on disait pendant la terreur! Ce
sont de pareils souvenirs qui ont sans doute
inspiré M. Casimir Périer, quand il a pro-
testé, le 16 novembre 1831, contre tout ce
qui pouvait ressembler à la confiscation
dans le bannissement des Bourbons.

MORT D'ENGUERRAND DE MARIGNY.

La mort de ce contrôleur des finances
de Philippe-le-Bel souille la mémoire de
Louis X dit le Hutin, qui céda aux insi-
nuations de Charles de Valois son oncle,
ennemi personnel d'Enguerrand. Ces deux
princes reconnurent leurs torts envers lui
à l'article de la mort, qu'ils regardèrent
comme une juste punition de cette sentence
inique. Les grands biens d'Enguerrand ne

furent pas étrangers à sa condamnation.
Cet exemple et beaucoup d'autres encore
ont probablement engagé Louis XVIII à
abolir la confiscation, comme son frère
Louis XVI avait aboli la torture. Léopold,
grand-duc de Toscane, alla plus loin, et
ajouta l'abolition de la peine de mort à ces
mesures d'humanité.

MORT DE STRUENSÉE,

Premier Ministre du roi de Danemarck,

DÉCAPITÉ LE 28 AVRIL 1772.

(Extrait de la *Biographie Universelle.*)

Nous ne craignons pas d'être démentis
par un public juste et éclairé quand nous
assurons que Struensée avait bien mérité
de la patrie. Nous ne prétendons point

qu'il ait été exempt de quelques faiblesses
morales, telles que l'ambition, l'amour
du pouvoir, l'arrogance et même un peu
d'intérêt personnel; mais ces faiblesses ne
détruisent point son grand mérite, comme
administrateur de l'état; et lors même que
sa manière de voir l'aurait induit en erreur, il est hors de doute qu'il eût constamment pour but le bien général, et que,
par l'établissement de la liberté de la
presse, il réveilla une foule d'idées saines
et lumineuses que depuis il a été impossible d'effacer. Aussi un grand nombre de
ses institutions, anéanties d'abord par le
pouvoir qui succéda au sien, ont-elles été
rétablies plus tard, plusieurs même n'ont
pas été un instant abolies.

MORT DU COMTE DE LALLY TOLLENDAL.

On n'a pas encore oublié la sentence de
M. de Lally que son fils a fait reviser, et

dont il a relevé la mémoire de son père; elle fut prononcée par des juges permanens, par une magistrature digne de tous les respects (1), mais par une magistrature composée d'hommes *faillibles!*

SUPPLICE DU COMTE CARMAGNOLA,

Exécuté à Venise, le 5 mai 1432.

M. Manzoni, petit-fils du célèbre Beccaria, auteur d'une ode à Napoléon et des *Fiancés*, où il donne une description si pittoresque de la disette et de la peste de Milan, a répandu sur ce sujet historique le plus vif intérêt, en le choisissant pour un drame. Dans la préface, il établit par

(1) M. Urtis ne respecte pas plus que moi la magistrature française ancienne et moderne! Elle a pu presque, dans tous les temps, servir de modèle à toutes les autres!.....

des documens incontestables que Carma=
gnola fut victime de la jalousie et de la cu-
pidité du gouvernement vénitien , comme
Enguerrand de Marigni, les templiers et le
comte de Saint-Pol, l'avaient été de Philippe-le-Bel, de Louis-le-Hutin, et le dernier
d'un accord entre Louis XI et Charles-le-
Téméraire (1). Les détails de la catastrophe de Carmagnola caractérisent bien le
gouvernement de Venise, à qui l'on a sou-

(1) Tous ces princes, dans leurs derniers momens, ou dans l'adversité, se reprochèrent amè-
rement ces actions, et leur attribuèrent leur
mort ou leurs malheurs. C'est ce que j'ai cherché à exprimer dans une des scènes historiques
que j'ai publiées sur la vie de Charles-le-Téméraire. S'il est possible de réprimer les crimes de
cette nature, c'est en retraçant vivement les remords dont ils sont suivis. Le songe de Ri-
chard III, avant la bataille qui devait lui coûter
la couronne et la vie , est un des plus beaux
morceaux de Shakespear ; le songe de Sylla peut
lui être comparé, car ils peignent l'un et l'autre
les tourmens d'une ame coupable! Le triomphe
du crime est peut-être un exemple plus funeste
que le crime lui-même!

vent reproché *le pont des soupirs* et ses procédures clandestines!.....

MORT VIOLENTE DE VALLENSTEIN,

Arrivée le 25 janvier 1634.

Schiller a fait ressortir, dans son *Histoire de la guerre de Trente Ans*, et dans un drame imité en français par Benjamin Constant, tout ce qu'il y avait de romanesque et d'extraordinaire dans le caractère de ce Wallenstein, qui fut sur le point de placer une couronne sur sa tête. Quels qu'aient été ses torts envers l'empereur Ferdinand, il est douloureux de voir un grand souverain employer *l'assassinat* pour les punir, et récompenser magnifiquement les traîtres qui avaient commis ce crime odieux, sans qu'aucun écrit de la main de Wallenstein, sans qu'aucun acte juridique ou authentique attestât sa culpabilité, sans lui donner enfin la faculté de se défendre ! Le cardinal de Richelieu lui-même, qui ne refusait rien à la *raison d'état*, semble blâmer cette manière de procéder dans les mémoires qu'il a laissés. Si l'empereur était assez puissant pour faire arrêter Wallenstein, il l'était également pour lui faire subir une détention qui aurait été approuvée par ses contemporains et par la postérité. Le meurtre de Wallenstein en entraîna beaucoup d'autres, et établit *un précédent* funeste même à ceux qui sont maîtres du pouvoir.

MORT DU MARÉCHAL DE BIRON,

Décapité le 31 juillet 1602.

Quand la famille du maréchal intercédait auprès de Henri IV pour obtenir sa grâce, et alléguait surtout l'ignominie que ce supplice ferait réjaillir sur elle, le roi

répondit : « De pareilles punitions ne dés-
» honorent pas les familles ; je n'ai pas
» honte d'être descendant des Armagnacs
» et des comtes de Saint-Pol qui ont péri
» sur l'échafaud. » Par ces paroles, le chef
de l'état, la source de toute justice, n'en-
levait-il pas à la peine de mort en matière
politique la plus grande partie de son efficacité ? Des hommes de la trempe de Biron
(et il y en aura toujours beaucoup en
France) ne seront-ils pas plus épouvantés
d'une longue et dure détention que d'un
coup de hache, qui n'est accompagné
d'aucun déshonneur ?

MORT DU DUC DE MONTMORENCI,

Décapité le 3 octobre 1632.

Le biographe dit à cette occasion :
« On assure que Louis XIII, étant au lit
» de la mort, déclara au prince de Condé
» l'extrême regret qu'il avait toujours eu,

» et que jusqu'alors il avait tenu caché, de
» n'avoir pas pardonné en cette occasion. »

Ce roi se souvenait peut-être dans ce
moment de ce qu'il lui avait écrit après le
combat de Veillane en Piémont, où il s'é-
tait couvert de gloire : « Je me sens obligé
» envers vous, autant qu'un roi puisse
» l'être, » en lui envoyant le bâton de maréchal.

Le souvenir d'un grand service rendu à
l'état peut bien valoir quelque indulgence
à un homme d'honneur momentanément
égaré; il peut et doit le préserver *surtout*
d'une peine *irréparable!*

MORT DE DON JUAN DE PADILLA,

DE TOLÈDE,

Décapité le 23 avril 1522.

Son biographe dit que cet homme vail-
lant, qui réclamait les antiques privilèges

de l'Espagne, eut la tête tranchée *sans jugement!* Dans son histoire de Charles-Quint, Robertson a reproduit les lettres touchantes qu'il écrivit à sa femme (1) et à la ville de Tolède, au moment de monter sur l'échafaud.

SUPPLICE D'UGOLIN, COMTE DE LA GHERARDESCA,

En 1288.

Le Dante (dans sa *Divina Comedia*) a célébré les horreurs de ce supplice ; les peintres, les sculpteurs, les graveurs, se sont plu, à l'envi les uns des autres, à l'il-

(1) Dona Maria Pacheco, véritable héroïne, qui, après la mort de son mari, défendit encore Tolède pendant quatre mois contre les forces de Charles-Quint, qui détruisit l'ancienne constitution représentative espagnole, et la remplaça par la monarchie absolue.

lustrer. La cruauté dont son adversaire, l'archevêque de Pise, usa envers lui, en le faisant mourir de faim avec ses enfans et ses petits-enfans dans une tour dont on avait muré toutes les issues, à fait oublier toutes ses fautes : tel est l'effet ordinaire des peines *irréparables !*......

MORT DU BARON DE GOERTZ,

Premier ministre en Suède,

DÉCAPITÉ LE 2 MARS 1719.

Son biographe dit : « On le conduisit à » Stockolm, où il fut traduit devant un tri- » bunal *extraordinaire, et condamné à* » *avoir la tête tranchée. Il demanda à* » *se justifier, mais il ne put l'obtenir, et* » *la sentence fut exécutée.* »

MORT DE PATKUL,

Gentilhomme livonien,

EXÉCUTÉ LE 10 OCTOBRE 1707.

Son biographe s'élève contre la sentence qui lui coûta la vie ; sa qualité d'ambassadeur de Russie ne put le sauver, quoiqu'il fût réclamé en cette qualité par Pierre-le-Grand. Il fut roué et décapité pendant qu'il respirait encore ; son corps coupé en quatre quartiers demeura exposé sur la roue. Les historiens condamnent également le roi-électeur de Saxe pour l'avoir livré, et Charles XII pour avoir exercé sur lui une sévérité qui ressemble à de la vengeance. Son biographe affirme *qu'on articula contre lui divers chefs d'accusation qui prouvent moins sa culpabilité que l'envie qu'on avait de le condamner.*

— 152 —

SUPPLICE DU MAJOR ANDRÉ,

Condamné à mort comme espion en 1780.

Cet événement malheureux est un des
griefs des amis de la paix contre les maux
sans nombre qu'entraîne la guerre. Voilà
un homme estimable, plein d'honneur,
sacrifié à ce qu'on appelle une *nécessité*.
Il tomba victime de la perfidie du général
américain Arnold, qui feignait d'avoir la
mission de traiter avec lui. « Il mourut
» (dit le biographe) avec le plus grand
» courage ; les spectateurs fondaient en
» larmes, et cette catastrophe ne fit pas
» moins détester Arnold par les Anglais
» que par les Américains. »

MORT DU COMTE DE HORN,

Décapité à Bruxelles, le 4 juin 1568.

Ce seigneur périt sur l'échafaud, quoiqu'il eût fait les plus grands efforts pour

ramener le prince d'Orange à la fidélité
envers leur maître commun Philippe II,
roi d'Espagne, et qu'il eût contribué au
gain des batailles de Saint-Quentin et de
Gravelines, où commandait son ami le
comte d'Egmond, et qui furent si fatales
à la France, qui, alors, était la rivale de
l'Espagne.

SUPPLICE DU COMTE D'EGMONT,

Exécuté à Bruxelles, le 5 juin 1568.

Pendant les troubles des Pays-Bas, le
duc d'Albe voulut affermir son autorité
par la chute des têtes de ceux des nobles
qui soutenaient le parti des rebelles; l'illustre comte d'Egmond tomba victime de la
haine personnelle de cet ambitieux, qui le fit
mourir sous prétexte que ses liaisons avec
les confédérés et le prince d'Orange lui
étaient suspectes, et malgré que le comte
eût prêté serment entre les mains de la

gouvernante des Pays-Bas, de soutenir la
religion romaine, de punir les sacrilèges
et d'extirper l'hérésie. Il fut décapité à
Bruxelles, le lendemain du jour où fut
exécuté le comte de Horn, condamné pour
les mêmes raisons que lui. La religion le
soutint jusqu'au moment où il quitta ce
monde. Il écrivit, un moment avant de
monter sur l'échafaud, à Philippe II, une
lettre très-touchante (voyez sa biographie),
dans laquelle *il lui jure qu'il est innocent
du crime de lèse-majesté* que la sentence
lui imputait, et lui recommande sa femme,
duchesse de Bavière, ses enfans et ses servi-
teurs. Il fut décapité, et l'envoyé de France
auprès de la cour de Bruxelles, présent à
ce triste spectacle, écrivit à Charles IX :
*J'ai vu tomber la tête de celui qui a
fait trembler deux fois la France* (1). La
consternation était si générale, qu'après

(1) On voit qu'un sentiment très-naturel fait
désirer aux hommes impartiaux que les services
antérieurs rendus à l'état soient comptés , quand
un homme est accusé d'un crime de haute trahison! Philippe II devait peut-être la conservation

son exécution, la place retentissait de san-
glots et de gémissemens. « On vit plusieurs
» personnes baiser l'échafaud avec respect
» et tremper leurs mouchoirs dans le sang
» du comte d'Egmond. »

MORT DE CINQ-MARS,

Exécuté à Lyon, le 12 septembre 1642.

Arrêté pour avoir signé un traité conclu
entre Gaston d'Orléans et l'Espagne, contre
le cardinal de Richelieu, qui tyrannisait la
France, il fut jugé par un tribunal, ou
plutôt par une *commission* dont le cardinal était si sûr, que, dès la veille, il

des Pays-Bas au comte d'Egmond; cette considération méritait bien quelque indulgence, lors
même qu'il aurait été aussi coupable que l'an-
nonçait sa sentence : aussi sa mort excitait-
elle contre le roi la haine et la vengeance!....

avait ordonné les préparatifs de l'exécution (1).

MORT DE F. A. DE THOU,

Exécuté à Pierre-Encise, ancienne forteresse de Lyon, le 2 septembre 1642.

François-Auguste de Thou fut une des malheureuses et intéressantes victimes du despotisme de Richelieu. — Une sincère amitié l'attachait à Cinq-Mars. Sans y prendre part d'une manière positive, il avait approuvé l'audacieuse entreprise de ce jeune favori; il ne connut cependant qu'après sa conclusion le traité négocié par Fontrailles avec l'Espagne, et le désap-

(1) Le comte Alfred de Vigny a composé sur ce sujet un roman historique plein d'intérêt, où il fait ressortir toutes les illégalités des procédures de cette époque terrible, où Richelieu faisait subir à la France le même traitement auquel elle fut condamnée cent cinquante ans après par la *terreur*.

prouva fortement. Mais ses liaisons avec
Cinq-Mars, Gaston d'Orléans et le duc de
Bouillon, avaient décidé sa perte aux yeux
du soupçonneux cardinal ; il fut accusé du
crime de *non révélation*. Cinq-Mars, espé-
rant obtenir sa grâce et celle de son ami
indignement trompé, consentit à le char-
ger. Le 12 septembre 1642, il fut condamné
d'après une ordonnance de Louis XI, qui
n'avait jamais reçu d'application. Ses
derniers actes furent marqués de l'em-
preinte de la plus profonde piété. Richelieu, quoique assuré de la docilité des
juges, *fut si surpris en apprenant la condamnation de De Thou*, qu'il répéta
plusieurs fois : De Thou ! De Thou !......
L'exécuteur n'ayant pas abattu sa tête au
premier coup, en porta plusieurs autres
sur la gorge avant de pouvoir la séparer
du tronc (1). Il mourut âgé de trente-cinq
ans.

(1) On a lu dernièrement dans la *Gazette des
Tribunaux* le récit d'une exécution qui offrit le
même spectacle. Le mécanisme de la guillotine
ayant été dérangé, l'opération se fit mal, et il

MORT DE LORD RUSSEL,

Décapité le 21 juillet 1683.

On cherchait Monmouth, Gray et Fergusson pour les arrêter ; on les accusait d'avoir conspiré contre le roi et le duc de Yorck ; Russel restait encore intact, mais Charles reçut une lettre anonyme dont l'auteur s'accusait d'avoir conspiré avec ce lord pour obtenir, par une apparence d'insurrection, le retour des parlemens. Russel aurait pu fuir ; il s'y refusa, ne voulant pas avoir l'air d'avouer ainsi un crime

fallut *achever* le patient. Dans le procès de De Thou, on voit à quel excès d'asservissement peuvent arriver des juges, puisque le pouvoir lui-même en était stupéfait !

On raconte qu'un ministre ayant fait des tentatives auprès d'un juge, pendant un procès politique, pour l'engager à voter pour la mort, lui promettant que le pouvoir exécutif ferait grâce, le juge répondit noblement : *Et à moi, qui me ferait grâce, si je votais contre ma conscience ?...*

dont il était innocent. Il fut conduit à la
tour de Londres : interrogé, il nia tout ;
un colonel, Ramsay, qui avait été arrêté,
déclara avoir vu lord Russel chez un nom-
mé Keppard, où l'on avait agité la question
d'une insurrection. Il est vrai que Monmouth avait entraîné Russel dans cette
réunion, mais il était resté spectateur muet
de la discussion ; il nia donc l'imputation
nouvelle d'avoir tramé personnellement
une insurrection en Ecosse. Le 13 juillet
1683, dix jours après son arrestation,
Russel fut amené à la barre de *l'Old Baily.*
« Le clerc lut *l'indictment* du grand jury,
» qui *accusait William Russel d'avoir,*
» *avec divers autres traîtres, conspiré,*
» *comploté, imaginé et résolu de renver-*
» *ser et tuer le roi, de saisir et détruire*
» *ses gardes, d'exciter partout l'insur-*
» *rection et le massacre.* » Le juge lui demanda s'il voulait plaider comme *coupable*
ou *non coupable.* Russel prononça d'un
ton calme : *non coupable ;* il observa ensuite que *jamais prisonnier n'avait été*
accusé et jugé le même jour, qu'il atten-

dait des témoins nécessaires à sa défense,
et que ce serait une étrange dureté de ne
pas lui donner un jour; le président pen-
chait à l'accorder, le procureur-général
s'y opposa. Par une méprise d'huissier,
la liste des jurés n'ayant pas été signifiée
à l'accusé, il la demanda et requit au
moins un renvoi à l'après-midi; les juges
prononcèrent que rien ne devait arrêter la
marche du procès. Le clerc lui lut alors le
pannel, ou liste des jurés. Lady Russel, assise à côté de son mari, écrivait ses objections. Des deux premiers jurés qu'on nom-
ma, l'un avait été choisi hors de la liste,
l'autre n'était pas franc-tenancier, et ne
possédait pas un bien libre de quarante
shellings de revenu; or, le statut de Henri V s'opposait positivement à leur admission; ce fut en vain que Russel invoqua
cette loi. Trois témoins furent interrogés
par les avocats de l'accusation, armés de
toutes leurs subtilités contre l'accusé, laissé
à lui seul, et dépourvu du secours d'un
conseil! Howard, interpelé par lord Russel,
tomba dans des contradictions, et l'accusé,

avec tout l'ascendant de sa probité, déclara
que dans les deux assemblées précitées il
n'y avait pas eu un seul débat du genre de
ceux racontés par le témoin unique.

West, autre témoin, déclara avoir *entendu dire* que Russel était un des chefs
du complot. Ce lord ne nia point s'être
trouvé par hasard et pendant un quart
d'heure chez Keppard, en invoquant sur
cette réunion, quelle qu'elle fût, la pres-
cription légale de six mois, et soutint
que dans les deux autres il n'y avait eu que
des conversations vagues sur la politique.
Plusieurs témoins à décharge parlèrent,
non-seulement des vertus de l'accusé,
mais de son aversion constante pour tout
moyen violent d'obtenir le redressement
des griefs. Le jury déclara Russel *coupable de haute trahison*, et le lendemain,
quatorze juillet, il fut amené à la barre
pour entendre sa sentence.

Cette sentence, qui contenait le détail
dégoûtant de tous les supplices accumulés
en Angleterre dans ces sortes de jugemens,
fut lue par un simple juge, qui, dans le

Parlement, avait voté avec lord Russel. Le roi commua la peine en une simple décapitation. Dans les huit jours qui s'écoulèrent entre la condamnation et l'exécution, lady Russel et le comte de Bedford, père de son malheureux époux, tentèrent en vain de fléchir Charles II. — Dans la suite, ce prince, réconcilié avec Monmouth, lui avoua qu'il avait été au moment de faire grâce, mais qu'il avait été obligé de laisser exécuter l'arrêt pour ne pas se brouiller avec le duc d'York (1).

Les derniers momens de Russel furent bien touchans. Il reçut les sacremens avec la dévotion la plus fervente, et pardonna à tous ses ennemis. Lorsque Russel vit sa femme pour la dernière fois, il prononça ce mot fameux : *Maintenant l'amertume de la mort est passée.* Il reçut le coup mortel le 21 juillet 1683, dans la quarante-quatrième année de son âge.

Le second acte du Parlement, après le

(1) Depuis Jacques II, qui fut détrôné en 1688 pour avoir voulu violer les privilèges des Anglais et rétablir la religion catholique.

couronnement de Guillaume III, *fut de casser la condamnation de Russel.* La Chambre des Pairs revit le procès, et passa un bill qui proclama l'innocence du condamné et signala son exécution comme un *assassinat* (Voyez sa biographie).

J'aurais pu m'armer des condamnations à mort qui ont été prononcées pendant les révolutions d'Angleterre et de France, mais j'ai préféré choisir en général mes exemples dans des temps où la justice aurait pu suivre un cours régulier, mais où il fut interrompu par des passions haineuses, qui se servaient de ses formes pour arriver à leur but.

Le droit commun servira toujours de terme de comparaison pour les procédures *exceptionnelles.* On dira toujours : Si un malheureux a péri sur l'échafaud pour avoir voulu procurer du pain à ses enfans, comment n'arracherait-on pas la vie à celui qui exposait celle de milliers d'hommes par ses complots ?

Tel est le résultat nécessaire de l'admission des peines *irréparables* dans la législation.

L'horreur pour les condamnations à mort en *matière politique*, ne saisit les masses qu'au moment de l'exécution, ou quand les passions se sont refroidies ; mais il est trop tard alors, et l'on peut dire souvent, comme l'officier envoyé par Philippe-le-Bel pour prononcer la grâce des templiers : *Les chants avaient cessé !* (1)........

MORT DE SYDNEY,

Décapité le 7 décembre 1683.

En 1683, il fut accusé, ainsi que Russel, Essex et d'autres seigneurs, d'avoir pris

(1) On sait que ces chevaliers, aussi pieux que braves, chantèrent des cantiques sacrés sur leur bûcher jusqu'au moment où ils furent dévorés par les flammes. M. Raynouard a composé sur ce sujet une tragédie qui eut le plus grand succès.

part à une conspiration dont le but était
d'assassiner le roi Charles II et son frère
le duc d'York. Jusqu'alors, Sydney s'était
fait remarquer par son éloquence au Parlement, où il s'était montré fort ardent
pour faire adopter le bill d'exclusion
dirigé contre le duc d'York. Algernon
Sydney refusa de répondre aux premières
interrogations qui lui furent faites, assurant qu'il n'avait rien à dire, mais qu'il
tâcherait de se défendre si l'on avait des
preuves et des faits à faire valoir contre
lui. Il garda la même réserve quand le
comité du conseil se transporta près de
lui, après qu'il eut été renvoyé à la tour.
Après l'exécution de Russel, Sydney fut
traduit pour crime de haute trahison devant le jury du comité de Middlesex.

Comme Russel, il récusa les jurés; mais
Jefferies, qui présidait les assises, ne per-
mit pas que la question fût examinée, sous
prétexte qu'elle avait été déjà décidée lors
du procès du premier.

La loi exigeait deux témoins. Howard
était le seul qui déclara avoir été membre

d'un comité avec Sydney. Les deux autres témoins n'affirmaient l'existence de ce comité que par *ouï-dire*. Jefferies, voulant remplir cette lacune, produisit un mémoire de Sydney, où il s'attachait à réfuter les préjugés d'un auteur obscur qui avait publié un pamphlet pour démontrer le droit divin des rois. Les jurés déclarèrent Sydney coupable. Il envoya alors au marquis d'Halifax, son neveu, un mémoire contenant les principaux points de sa défense, et où il demandait que le roi Charles revît lui-même toute l'affaire.

Ce mémoire adressé au roi n'eut d'autre effet que de retarder son exécution de trois semaines. Sydney écrivit ensuite son apologie, qu'il remit aux shérifs sur l'échafaud, où il mourut avec beaucoup de courage, le 7 décembre 1683. — La sentence qui l'avait condamné fut cassée la première année du règne de Guillaume et de Marie.

SUPPLICE DE MONTROSE,

Décapité le 21 mai 1650.

Le cardinal de Retz peint Montrose par
ce seul mot :

« C'est un de ces hommes qui ne se ren-
» contrent plus dans le monde et qu'on ne
» retrouve que dans Plutarque. » — Long-
temps intrépide défenseur de Charles Ier,
les ordres de ce malheureux prince,
forcé de se remettre entre les mains des
Ecossais, purent seuls engager Montrose à
poser les armes.— Un dévouement hérédi-
taire le rattache à la cause de Charles II;
rare et sublime exemple de la fidélité au
malheur, il se flattait qu'il trouverait encore en Angleterre des cœurs attachés à
leur légitime souverain. Sa noble attente
fut trompée; la crainte qu'inspirait le
gouvernement rebelle avait étouffé tout
sentiment généreux. Victime de sa loyauté
et de son dévouement, Montrose, aban-

donné par ses troupes, trahi par un ancien ami, séduit par l'appât de l'or, fut
livré au Parlement rebelle, et condamné à
être pendu à un gibet. La sentence portait
que ses membres seraient attachés aux
portes des principales villes d'Ecosse. « Ah!
» s'écrie ce héros, que ne me coupe-t-on en
» un assez grand nombre de morceaux,
» pour rappeler à chaque village du royau-
» me la fidélité qu'un sujet doit à son
» roi ! » Il marcha au supplice avec la
même fermeté, la même grandeur d'ame,
qu'on admire dans toutes les actions de sa
vie, en exhortant la foule qui l'entourait
à rentrer sous l'autorité du fils de Charles-
le-Martyr, le 21 mai 1650.

NB. J'ai puisé les fragmens qui pré-
cèdent dans la *Biographie Universelle*,
qui se trouve maintenant dans toutes les
bibliothèques. Ils démontrent, comme je
l'ai annoncé, qu'il est bien rare qu'un

jugement *politique* soit *régulier*, et que ceux qui l'ont prononcé n'en éprouvent du regret quand il n'est plus temps.

La *Gazette des Tribunaux* du 22 novembre 1831 contient un article sur la révision des procès, qui est un *memento* sévère des erreurs de la justice criminelle en *matière capitale*.

Je ne pense pas qu'en général ces erreurs des juges puissent être considérées comme *criminelles* (1), mais elles doivent engager *le législateur* à empêcher qu'elles ne causent un mal *irréparable*.

(1) Car on peut être ébloui par de fausses lueurs sur l'opportunité politique de son vote; voilà le grand danger de laisser subsister la peine capitale comme *utilité;* or c'est le seul motif allégué par ses partisans!....

Si, dans cet écrit, je m'adresse plus spécialement aux partisans de la peine de
mort représentés par M. Urtis, je ne puis
m'empêcher de faire remarquer au public,
en général, que les établissemens réclamés
par tous les amis de l'humanité, tels que
les moyens d'éducation pour les classes indigentes, et les prisons pénitentiaires propres à remplacer les maisons de détention
et les bagnes, où des malheureux se con-
firment dans toutes leurs mauvaises habitudes, trouveront partout d'ardens pro-
moteurs, quand *l'autorité* n'aura plus
l'arrière-pensée qu'elle peut se défaire *à
jamais* des hommes réputés dangereux.
La peine de mort a souvent été pour elle
un oreiller de paresse!......

Des confidens indiscrets ont bien souvent parlé des frais énormes que coûterait l'éducation *gratuite* du peuple, de ce
que coûterait l'introduction du système
pénitentiaire, qui exige la séparation des
détenus en plusieurs séries, et l'on ne
voyait que trop percer dans leurs discours
une disposition secrète à comparer à toutes

ces dépenses l'économie qui consiste à re-
trancher tout simplement la créature que,
dans leur omnipotence, ils avaient déclarée
incorrigible.

Les hommes, soit individuellement,
soit collectivement, font rarement une
dépense sans y être forcés, à moins qu'elle
ne flatte leurs passions : on ne place des
barrières auprès d'un précipice qu'après
plusieurs accidens ; on ne construit des
moulins et des magasins à poudre dehors
des villes qu'après d'horribles événemens,
comme celui qui épouvanta la Hollande
sous le règne du roi Louis ; on ne place
souvent de paratonnerres sur une maison
que quand la foudre en a détruit les dé-
pendances. Eh bien ! il en sera de même
pour les établissemens que j'ai signalés :
on ne les décrètera que quand l'abolition
absolue de la peine de mort les aura rendus
indispensables; mais alors aussi on s'en
occupera avec cette activité prodigieuse qui
caractérise ce siècle, cette activité qui sert
à accomplir en peu d'années, en peu de
mois, ce qui ne l'était autrefois qu'après

des siècles de délibérations et de travaux,
et en attendant, les prisons actuelles sont
bien suffisantes pour séquestrer les hommes qui ont failli. Si l'on a aboli la confiscation *des biens*, comment maintiendrait-
on celle d'un capital tel que *la vie*, qui,
pendant vingt ou trente ans, peut produire
au propriétaire, et par conséquent à la
société, une accumulation de capitaux.
Il répugne à ma délicatesse de traiter mon
sujet de cette manière; mais enfin il faut
tout dire quand on a embrassé une cause,
et je n'ai pu me refuser à signaler ce nouveau motif d'abolir la peine capitale!

Comme, pour le triomphe de la cause
que j'ai embrassée, le concours du législateur est absolument nécessaire, je prends
note, avec le plus grand soin, des discussions qui s'élèvent à son sujet dans toutes
les contrées du globe.

Le *Moniteur* m'apprend que le 22 novembre 1831, la discussion a été ouverte
dans la Chambre des Députés sur le projet
de loi destiné à opérer certaines réformes
dans le Code pénal de 1810.

Un député réclame contre le résumé que fait M. le président de la cour d'assise, quand le défenseur du prévenu ne peut plus prendre la parole ; il craint l'influence qu'il peut avoir sur l'esprit des jurés dans un sens ou dans un autre. Plusieurs faits racontés par la *Gazette des Tribunaux* viennent à l'appui de cette réclamation.

M. le baron Roger s'élève avec une chaleureuse éloquence contre les peines perpétuelles en général, et contre la peine de mort en particulier. — Il s'écrie : « Ah ! » quelle sera douce la tâche ! qu'il sera » glorieux le triomphe du ministre, qui » viendra nous demander l'abolition de la » peine de mort ! »

En parlant de la peine de mort en matière politique, M. le baron Roger s'exprime ainsi : « Malheur à ceux qui de- » mandent le maintien de la peine de mort » en pareille matière ! Le glaive du bour- » reau, lorsqu'il a goûté du sang politique, » ne sera rassasié qu'après s'être abreuvé » de leur propre sang ! »

En prononçant ces paroles, l'orateur pensait sans doute aux membres de l'assemblée constituante qui avaient repoussé la proposition de Duport, et qui furent presque tous guillotinés peu de temps après! — En désespoir de cause, il déclare qu'il demandera au moins que l'on fasse un essai de la suspension de la peine de mort pendant quelques années.

Il dit qu'il n'appartient pas à des hommes *faillibles*, à de faibles mortels, de prononcer ces paroles du Dante : « Ici on » renonce à toute espérance!» — Après avoir repoussé la peine de mort, M. le baron Roger démontre que l'impunité résultera presque toujours du système *d'atténuation* introduit dans le projet de loi, et qui se prête *aux pieuses fraudes* tout autant que la faculté *actuelle* de déclarer que tel meurtre a été commis sans préméditation, ou que le vol n'a pas été accompagné des circonstances aggravantes qui conduisent à l'échafaud.

EXTRAITS DU MONITEUR.

CHAMBRE DES DÉPUTÉS.

Séance du 23 novembre.

M. Vatout prononce un discours contre la peine de mort, dans lequel il fait valoir la pitié qu'inspire le patient, les erreurs irréparables et trop nombreuses de la justice criminelle. Il invoque la substitution du système pénitentiaire à celui de l'échafaud.

M. Bernard du Var attaque l'esprit général du Code de 1810, et se plaint de ce que le projet ne change rien à cet esprit.

Il démontre que la peine la plus grave doit atteindre le crime qui nuit à un plus grand nombre de personnes, et que les circonstances qui, par le Code, servent d'aggravation, sont souvent absurdes. Il donne de nombreux exemples de ce qu'il avance. Il considère d'ailleurs la peine de mort comme abolie *de fait* par l'horreur qu'elle inspire généralement.

M. Gaëtan de la Rochefoucault, de la famille de l'illustre duc de la Rochefoucault-Liancourt, s'élève contre la peine de mort, et cite les succès obtenus par Léopold, grand-duc de Toscane, qui décréta l'abolition des peines irréparables.

Il indique Alger, sans le nommer, comme un lieu propre à recevoir les individus passibles de la déportation qu'il a vu effacer du Code avec peine. Il vote pour le renvoi du projet à la commission.

M. Teulon regrette que la peine de mort ait été conservée dans le projet de loi; il refuse à la société le droit de violer le commandement de Dieu contenu dans le Décalogue : *Tu ne tueras pas!*

Il considère aussi la peine de mort comme abolie de fait, puisqu'on ne l'a pas appliquée aux ministres de Charles X, et qu'on a repoussé la sanction pénale contre les Bourbons de la branche aînée, proposée par M. de Bricqueville.

D'autres orateurs, mais en petit nombre, ont défendu le projet en cherchant à démontrer qu'il conciliait ce qu'on devait à l'humanité avec ce qui était dû à la sécurité de la société. Ils auront cependant de la peine à convaincre l'assemblée qu'il y ait une différence immense entre la faculté actuelle du jury, de faire des déclarations de *non* préméditation, de *non* existence, des circonstances aggravantes, et celle de signaler des circonstances *atténuantes*, qui rentre dans le système de la *question intentionnelle*, abandonné depuis le Code de 1810, ou déjà auparavant.

Séance du 26 novembre 1831.

La discussion générale étant fermée, on passe à celle de l'art. 1er. M. Thouvenel

présente un amendement, en vertu duquel
la peine de mort, la déportation, la muti-
lation du poing et la marque, sont abolies
et remplacées, pour les crimes politiques,
par la détention perpétuelle, et pour les
crimes *privés*, par les travaux forcés à perpétuité.

Il expose que les peines perpétuelles
sont en contradiction avec les nouvelles
mœurs, et constituent les délinquans en
état de guerre à mort avec la société.

Il établit que la *peine* de mort ne peut
être considérée comme une *peine*, puisque
tous les efforts de nos maîtres, de nos con-
ducteurs spirituels, tendent à nous engager
à la mépriser.

Si c'est la honte qui rend le supplice efficace, attachez donc la honte à une autre
peine! La mort ne doit donc point être
mise au nombre des châtimens.

—La société a-t-elle le droit de mort
sur ses membres?

— Il résout la question d'une manière

négative, et rappelle qu'il n'est aucun homme qui ne soit susceptible d'être régénéré.

Il combat l'assimilation de la privation de la vie à celle de la liberté.

— Est-elle utile ?

— Non ! car nous ne sommes plus dans ces temps où deux hommes faisaient trembler tout un pays (1).

L'orateur fait valoir ici contre la peine de mort les dangers physiques des exécutions comme excitatifs, comme poussant à la dureté et à la cruauté parfois !

Il rappelle que le supplice supporté avec courage và en sens contraire de ce qu'on s'en promettait, car il le fait mépriser.

Il cite Sabacos, roi d'Egypte, qui abolit la peine de mort, et que Grotius et Pastoret proposent comme un modèle aux autres

(1) M. Guizot a victorieusement prouvé que la peine de mort était devenue *nuisible* au gouvernement, qui l'invoquait au nom de sa sûreté.

rois. Il cite la loi Porcia, et Léopold, grand-duc de Toscane. Il combat la peine de mort pour les crimes politiques par des faits qui prouvent son inefficacité.

Il nie la faculté préventive de la peine de mort, et prouvent cette négation par la commission journalière de nouveaux crimes, malgré la menace de la peine capitale.

Il insiste sur la création de maisons pénitentiaires, puis il revient à la peine de mort, et accuse le projet de loi *d'être, en la maintenant, dans une contradiction révoltante avec nos mœurs qui y répugnent, nos lumières qui la repoussent, avec la religion et l'humanité qui la défendent*, et vote pour l'abolition *absolue* de la peine de mort.

L'amendement de M. Thouvenel, étant appuyé, devient l'objet de la discussion.

M. Parant combat l'amendement, et M. de Tracy, qui, au mois d'août 1830, avait demandé l'abolition *absolue* de la peine de mort, réfute ses argumens. Il dit que si la peine de mort n'est pas proscrite par les lois, elle l'est par les mœurs. On ne trouvera, dit-il, plus de jurés pour condamner, plus de bourreaux pour exécuter; et il le prouve, car déjà personne ne veut plus louer sa maison au bourreau; il faut lui bâtir des maisons exprès.

L'amendement de M. Thouvenel est rejeté (1). M. Delpon propose le maintien de la déportation, et signale un terrain sur la rive méridionale de la rivière de la Plata pour remplir cet objet.

M. Charles Durieux insiste pour la con-

(1) Plusieurs journaux observent que pendant cette séance l'attention de la Chambre était fortement détournée par les nouvelles de Lyon, dont on venait d'apprendre la catastrophe, causée par le mécontement des ouvriers en soie, qui voulaient imposer le tarif des prix de la main d'œuvre aux fabricans. Peut-être la Chambre reviendra-t-elle plus tard sur la décision qu'elle a prise à l'égard de l'amendement de M. Thouvenel. Peut-être la Chambre des Pairs proposera-t-elle l'abolition de la peine de mort, comme elle en a le droit. Un homme placé de manière à être fort bien informé, m'avait prévenu que les troubles survenus dans la Vendée et dans le midi de la France disposeraient proba-

servation de la déportation, et signale Alger comme un lieu fort convenable pour atteindre ce but.

M. Odilon-Barrot propose un sous-amendement tendant à remplacer la déportation par la détention, en attendant que le gouvernement puisse se procurer une localité propre à remplir ce but.

Ce sous-amendement, qui maintient le principe de la déportation, est adopté par la Chambre.

Quoique bien convaincu que l'empri-

blement la Chambre des Députés d'une manière défavorable à l'abolition de la peine de mort; une habitude fortement enracinée de la considérer comme une garantie de sécurité et d'ordre, combat le témoignage des faits qui viennent chaque jour accuser son inefficacité, et démontrer que la perspective de la mort n'arrête pas les hommes capables de commettre les crimes qui en sont passibles. J'avoue que je concevrais mieux que toutes les cours d'assises du royaume s'entendissent pour en demander l'abolition *absolue*, que ces recommandations qu'elles font souvent parvenir au roi pour obtenir la commutation d'une sentence qu'elles ont prononcée.

sonnement dans une maison pénitentiaire
est en général une peine d'une application
plus facile et plus efficace, je suis fort
aise qu'on n'ait pas renoncé *à jamais* à
celle qui pourra être un jour le plus convenablement appliquée *aux délits politiques.*

Séance du 25 novembre 1831.

« M. Taillandier : L'abolition de la *mort
civile* (1), son amendement, est repoussé
sur l'observation de M. Gaillard-Kerbertin,
que cet objet sera plus convenablement discuté lors de la discussion du Code civil.

» M. Persil présente un amendement
sur l'art. 2, qui est tout un projet de loi :
il exprime des inquiétudes sur la confusion
qui résultera de celui du gouvernement,

(1) M. Schaub, de Genève, qui a publié sur
ce sujet une thèse pleine d'intérêt, conclut à son
abolition.

modifié par la commission, et finit par demander qu'à la fin de la loi adoptée, on ajoute les paroles suivantes : « Immédia-
» tement après la promulgation de la pré-
» sente loi, il sera fait une édition *officielle*
» du Code pénal, dans lequel entreront les
» modifications ci-dessus (1). »

(1) La discussion est interrompue par la communication officielle des mouvemens insurrectionnels de Lyon. — On sait que les malheureux ouvriers, égarés par la misère, avaient inscrit sur leur drapeau noir : *Vivre en travaillant ou mourir en combattant.* Dans quel embarras va se trouver la justice pour punir de telles violences ! On se réfugiera peut-être, dans le prétexte que les sommations légales n'ont pas été faites avant de dissiper les attroupemens par la voie des armes.

Cette révolte, celle de Strasbourg contre les droits d'octroi, celles de presque toutes les villes du midi contre les contributions indirectes et contre les octrois en général, révèlent la nécessité de réformer les dépenses qui les rendent nécessaires ; or une pareille réforme n'est compatible qu'avec la suppression d'une armée *permanente*, remplacée par des milices organisées comme celles de la Suisse. On conserverait pour le maintien de l'ordre la gendarmerie à pied et à cheval, car

Séance du 28 novembre 1831.

« On discute pour savoir si la détention votée par l'amendement de M. Odilon-Barrot sera *à perpétuité* ou à *temps*, c'est-à-dire si la déportation sera remplacée par une de ces détentions.

» M. le baron Roger, fidèle aux principes d'humanité qui avaient dicté son discours sur la peine de mort quelques jours auparavant, repousse la détention *perpétuelle* dans ce cas-ci; il veut la réduire de cinq à trente, ou à vingt ans.

» M. le rapporteur de la commission défend la perpétuité de la détention, en disant qu'étant souvent *l'atténuation* de la peine de mort, elle doit être maintenue pour conserver au projet de loi le caractère qui lui est propre, de *réformer* et non *d'anéantir* le Code pénal. Si la détention

ces corps-là ne poussent jamais à la guerre et ne nécessitent pas des états-majors nombreux et coûteux.

perpétuelle est présentée sous cet aspect, je serais assez disposé à en adopter le principe. C'est ainsi que procéda Léopold quand il abolit la peine de mort dans le grand-duché de Toscane ; mais elle était substituée à la peine de mort, au lieu que dans ce cas-ci, elle est substituée à la déportation, ce qui constituerait une aggravation.

» L'article est renvoyé à la commission.

» M. Realier-Dumas déclare que le système d'*atténuation* remplira entièrement le but de ceux qui réclament l'abolition de la peine de mort. »

Même Séance.

«Une pétition de tisserands d'Agen (qui se plaignent de la concurrence des prisonniers, qui, ne payant ni loyer, ni patente, peuvent fabriquer à meilleur marché qu'eux) soulève une question qui pourrait devenir fatale au système pénitentiaire, si elle n'était pas traitée à fond. — M. de Laborde a proposé de faire travailler les prisonniers aux fournitures de l'armée, puisqu'ils sont, par le fait, pensionnaires de l'état ; mais cela n'empêcherait pas qu'ils n'enlevassent de l'ouvrage à ceux qui, jusqu'à présent, y ont été employés.

» Il faut trancher dans le vif et remonter aux principes. Un homme pour avoir failli n'a pas perdu le droit d'employer *légalement* les facultés qu'il a reçues de la nature. Il subit sa peine par la privation de la liberté ; mais pourquoi ne lui procurerait-on pas les moyens d'entretenir une famille innocente, pourquoi ne lui procurerait-on pas le moyen d'amasser un petit pécule pour le moment de sa sortie? Ce travail auquel il se livre devient une habitude qui préserve de ses tentatives à venir ces fabricans qui se plaignent de la concurrence.

» On ne peut qu'approuver les mesures de détail proposées par M. Dumont, pour éviter de choisir de préférence pour les prisonniers une occupation qui ferait le gagne-pain de la population de la ville où ils seraient détenus; mais il faudrait bien se garder d'en faire une règle absolue, car, de cette façon, on interdirait l'horlogerie à un détenu à Genève, le tissage de la soie à un détenu de Lyon ou de Nîmes, lors même que ce serait la seule manière de l'occuper. La société tout entière est trop intéressée à introduire le travail dans les prisons, comme moyen régénérateur, pour céder à quelques réclamations dictées par l'intérêt personnel. »

Séance du 29 novembre 1831.

« M. Dumont, rapporteur de la commission du Code pénal, persiste en son nom dans le maintien de la détention *perpétuelle*, et le motive par celui de la *peine de mort;* car, dit-il (1), l'abîme entre la

(1) Je suis bien aise de voir que la commission

peine de mort et une peine *temporaire* serait trop immense, trop profond, et il
faut qu'en descendant d'un degré par l'introduction des causes atténuantes, les tribunaux puissent trouver une peine *perpétuelle* à substituer à la peine de mort.
M. Dumont s'efforce de prouver, par des
exemples puisés dans le Code, que la détention perpétuelle n'est pas plus rigide
que la déportation, et qu'il y aurait un
excès d'indulgence à remplacer celle-ci par
une détention *temporaire*.

repousse l'analogie entre la peine de mort et la
détention! Elle a encore un progrès à faire, il faut
qu'elle avoue l'existence de l'abîme qui sépare la
peine de mort de la détention *perpétuelle!*... Je
crains que la commission ne se soit laissée un peu
trop entraîner par son respect pour l'ordre logique
du Code de 1810, que le projet de loi est essentiel-
lement destiné à adoucir. Ce Code a peut-être été
admiré par sir James Mackintosh (comme l'a dit
M. le rapporteur); mais c'est quand il le compa-
rait au Code Draconien, qui régit encore l'Angleterre, et contre lequel il ne cesse de protester, de
concert avec lord Brougham, le marquis de Lans

« Le maintien de la peine de mort sert donc encore de motif à celui de la détention perpétuelle ; je renverserai plutôt la question, et dirai qu'il y aurait peut-être quelque convenance à conserver la détention perpétuelle quand on aurait aboli la peine de mort, quoique ce mot de *perpétuel* s'accorde mal avec les fruits qu'on espère recueillir du système pénitentiaire, si peu connu en Europe quand Léopold sub-

down et tous les hommes éclairés de la Grande-Bretagne ; cette réflexion doit, ce me semble, affaiblir l'éloge sur lequel on voudrait s'appuyer dans la circonstance actuelle.

Je crois que les mœurs du dix-neuvième siècle pourraient permettre qu'on abolît à la fois les peines *irréparables* et les peines *perpétuelles*, sans que la sécurité publique en souffrît, car l'amélioration du sort d'un grand nombre d'hommes les rend plus sensibles à la privation *même temporaire* de la liberté. Si c'est vrai pour les hommes susceptibles de commettre des crimes *privés*, cela l'est bien davantage pour des hommes passionnés pour lesquels cette liberté est un besoin si absolu, et pour lesquels la détention est peut-être plus redoutable que la mort.

stitua la prison perpétuelle à la peine de mort (en 1763). »

———◆———

La *Revue Germanique* de juin 1831 contient deux articles intéressans sur la peine de mort ; l'un tiré d'un mémoire de M. le professeur Grohmann, de Hambourg, qui depuis long-temps me témoigne dans ses lettres sa vive sympathie pour la cause que j'ai embrassée ; l'autre, le procès-verbal d'une assemblée politique tenue dans l'île d'Othaïti, pour délibérer sur la convenance ou la disconvenance d'y introduire la peine de mort pour remplacer celle de l'exil, qui, jusqu'à présent, a été appliquée aux plus grands crimes.

———

MÉMOIRE DE M. LE PROFESSEUR GROHMANN.

M. le professeur Grohmann n'accorde le droit d'ôter la vie, soit à l'individu, soit à la société, que quand cette mesure lui est absolument *indispensable* pour sauver la sienne.

Il rappelle que Grotius (1) et Blackstone ont approuvé les souverains et les états qui ont aboli la peine de mort.

Il démontre, par un grand nombre de faits, que les mêmes crimes, passibles autrefois de la peine de mort, étaient devenus moins fréquens depuis qu'ils n'étaient plus atteints que par des peines temporaires. Il en conclut que l'échafaud n'a point la vertu exemplaire et répressive qui, seule, pourrait excuser sa conservation aux yeux de ceux qui l'admettent comme *utile*. En sa qualité de médecin, l'auteur de l'article a fait des observations qui lui ont prouvé que la vue du supplice peut exciter

(1) Ce savant publiciste pensait aussi *qu'un chrétien* ne pouvait rien faire de plus agréable à Dieu que de refuser de faire la guerre. Il n'est pas étonnant de voir le même homme condamner la guerre et l'échafaud, qui soumettent l'un et l'autre des créatures raisonnables à l'exercice de la force brutale.

des individus constitués d'une certaine manière à commettre des meurtres.

———

DISCUSSION SUR LA PEINE DE MORT

DE L'ASSEMBLÉE D'OTHAITI.

Le chef othaïtien, qui proposait l'établissement de la peine de mort contre le meurtre, ne le faisait que par esprit d'imitation et par respect pour l'Angleterre, que ces peuples considèrent comme le pays le plus civilisé de la terre, parce que c'est de là que sont partis les hommes qui sont venus leur prêcher l'Evangile.

Le second appuyait cette proposition, parce qu'il croyait qu'elle était sanctionnée par la Bible.

Le troisième, enfin, démontra à l'assemblée que si l'ancien Testament semblait approuver la peine de mort, l'Evangile,

13

en revanche, la repoussait par *son esprit*
dans cent passages (1), et qu'il lui paraissait plus raisonnable d'obéir à une loi
destinée à régir le monde entier qu'à celle
qui était *plus spécialement* appliquée au
peuple juif. Il y ajouta plusieurs autres
considérations, et insista surtout sur ce
qu'un criminel exilé dans une île déserte
pouvait encore se repentir et devenir
meilleur par la prière, tandis qu'on enlevait cette faculté à l'homme dont on trancherait les jours.

Ce dernier orateur entraîna l'assemblée,
qui décida *à l'unanimité* que la peine de
mort ne serait pas établie à Othaïti !!!

(1) Dans le N° 1 des Archives de la Société
de la Paix, on a déjà raconté que les habitans des
îles de la mer Pacifique avaient conclu de l'Evangile que la guerre était un crime, et que, sans y
être provoqués par le missionnaire qui le leur prêchait, ils avaient brisé, par un mouvement spontané et unanime, leurs massues, leurs arcs et
leurs *tamahooks!*

BROCHURE DE M. MAFFIOLI,

Offerte à la Société de Lecture de Genève par M. de
Sellon.

Cet ancien magistrat, connu par des
mémoires sur la répression du duel, a publié cet écrit pour faire repousser la peine
de mort du projet de loi présenté en 1831
par M. le garde-des-sceaux de France. Il
trouve cette peine contraire à la loi naturelle et à la loi religieuse, puisqu'on ne
peut l'appliquer qu'en invitant un homme
à mettre à mort son semblable, et qu'elle
cesserait d'être possible dès le moment où
cet homme ne se rencontrerait plus. Il cite
Grotius, mais surtout Beccaria, à l'appui
de son opinion; il en appelle au Deutéro-
nome, où l'on voit *que Dieu s'est réservé
la vengeance*; il en appelle à l'Evangile,
dont *l'esprit* la repousse si clairement, que,
dès long-temps, l'Eglise a pris pour devise
qu'*elle a horreur du sang!*

Il rappelle que le droit de punir exclut celui de *détruire*, selon ce principe : *Cujus est punire, occidere non est.*

Il rappelle les erreurs *irréparables* de la justice criminelle, et cite entre autres la déplorable histoire de Lesurque (que j'ai fait réimprimer dans un cahier séparé, en 1827, et distribuer en même temps que le rapport du concours (1) ouvert par moi en 1826, en faveur de l'abolition de la peine de mort), en démontrant que le seul moyen d'éviter un malheur aussi affreux est *l'abrogation de la peine de mort.*

Dans le chapitre VI, M. Maffioli démontre, ainsi que M. Grohmann, que le dernier supplice n'est point *exemplaire*, puisqu'il n'a pas détourné jusqu'ici les hommes de commettre les crimes qu'il était destiné à réprimer. Il représente que l'homme espère toujours échapper au châtiment qui le menace par les précautions qu'il prend

(1) Brochure in-4°, où l'on trouve le Code pénal *fédéral* des Suisses, dont la réforme vient d'être enfin réclamée à la Diète de 1831 par le député du canton de Genève.

pour cacher son crime, et qu'il paralyse ainsi tout l'effet réprimant que la loi attendait de l'échafaud. Il pense que c'est surtout en matière politique que la peine de mort manque son effet.

Dans son chapitre VII, l'auteur cite un ouvrage intitulé *le Code de l'humanité*, pour prouver que la haine populaire pour le bourreau, qui a existé de tout temps, accuse la peine obligée, d'avoir recours à lui comme à une *nécessité*.

Il donne la définition du mot *bourreau* d'après Denisart (page 26).

Il rappelle que les Romains, pour éviter d'employer des hommes à cette horrible fonction, l'avaient quelquefois confiée à des bêtes féroces, qui elles-mêmes reculèrent souvent devant le devoir qu'on voulait leur imposer !

L'auteur termine cet écrit par la formule suivante :

Loi qui doit être faite avant la révision du Code Pénal.

« 1° La peine de mort est abolie. Cette

» peine est remplacée par celle du cachot
» à perpétuité (1).

  » Il y aura pour celle-ci des lois spéciales.

  » 2° La flétrissure et l'exposition au car-
» can sont également abolies.

  » 3° Le ministère de l'exécuteur des ju-
» gemens criminels est supprimé. »

LÉGISLATION PÉNALE

DE M. PASTORET.

Dans cet ouvrage remarquable, l'auteur
réfute victorieusement les partisans les
plus célèbres de la peine de mort avec une
force de logique qui dispenserait de le
faire après lui, s'il n'y avait pas des choses
qu'on est condamné à répéter à satiété

(1) Il adopte ici la disposition de Léopold,
grand-duc de Toscane, qui, dans son Code pro-
mulgué en 1786, remplaça la peine de mort par
la prison perpétuelle.

pour atteindre les convictions ; c'est ce qui a fait dire que la *répétition* était de tous les argumens le plus puissant (1).

Parmi ces partisans célèbres de la peine de mort, il est douloureux de compter J.-J. Rousseau, qui croyait qu'elle pouvait être justifiée par la nécessité de protéger l'ordre social, mais, comme me l'observait un ministre du saint Evangile, Rousseau tombait lui-même dans de grandes contradictions sur ce sujet, puisqu'il disait :

1° *Que la fréquence des supplices était toujours un signe de faiblesse ou de paresse dans le gouvernement;*

2° *Qu'il n'y a point de méchant qu'on ne pût rendre bon à quelque chose.*

Montesquieu a dit quelque part : *qu'on éclairait les lois par l'histoire et l'histoire par les lois !*

(1) Car, à moins d'être *aliéné*, on ne revient

Il a suivi ce précepte dans l'ouvrage qui l'a conduit à l'immortalité.

C'est dans l'histoire qu'on observe l'effet qu'ont produit les lois sur les mœurs et sur le bonheur des nations : c'est la grande statistique qui comprend une suite de siècles.

De quelle utilité serait pour la génération présente l'étude des lois de Dracon, de Solon, de Lycurgue, du Code de Justinien, des capitulaires de Charlemagne, des établissemens de saint Louis, des ordonnances de Louis XIV, du Code de Napoléon, si l'on n'y joignait des observations sur l'influence qu'ont exercé tous ces actes sur un présent et sur un avenir, qui, pour nous, sont déjà entrés dans le domaine de l'expérience !

Comment Montesquieu aurait-il pu déclarer que *la vertu* était la sauve-garde des républiques ; *l'honneur*, celle des mo-

pas continuellement sur la même question sans un espoir fondé de contribuer à la faire résoudre dans son sens.

narchies tempérées ; *la terreur,* celle des
états despotiques, s'il n'en avait trouvé des
preuves réitérées dans l'histoire? Comment
aurait-il pu affirmer que la société devait
sa sécurité bien plus à la certitude des
peines qu'à leur sévérité, si l'histoire ne le
lui avait pas appris?

Quel est l'écrivain de nos jours qui a
repoussé avec plus de talent et de force
l'application de la peine de mort aux matières politiques, si ce n'est M. Guizot,
dont la réputation repose en grande partie
sur ses *Études historiques* et sur le résultat qu'il en a offert au public? Où vont
puiser leurs argumens, les orateurs qui
honorent le plus la tribune nationale de
Londres et de Paris? N'est-ce pas dans
l'histoire ?

N'est-ce pas cette science qui nous apprend à ne pas calomnier notre siècle?
N'est-ce pas la comparaison qu'elle nous
permet d'en faire avec d'autres, qui nous
fournit des armes contre ses détracteurs?
N'est-ce pas l'histoire qui nous apprend
que l'époque où nous vivons est à peu

près la seule où l'on ait joui à la fois des bienfaits suivans :

1° De l'admissibilité à tous les emplois publics.

2° De l'égalité devant la loi.

3° De la liberté de publier ses opinions.

4° Du droit de n'être pas distrait de son juge naturel.

5° De la publicité des débats judiciaires.

6° Du jugement par jury.

7° De l'égale répartition de l'impôt, sans acception de personnes et de rang.

Sparte, Athènes, Rome, et les républiques du moyen âge, au lieu de liberté n'ont connu que le monopole des droits politiques en faveur d'un petit nombre de citoyens ou de bourgeois.

Les horreurs de la révolution française désignées sous le nom de *terreur*, l'insurrection qui a affligé la ville de Lyon au mois de novembre 1831, ne sont point le fruit des libertés acquises depuis près d'un demi-siècle, puisque de pareils désordres ont ensanglanté la société dans l'antiquité, pendant le moyen âge et

dans des temps plus rapprochés. Voilà
ce que ne savent pas reconnaître les ennemis des idées libérales, parce qu'ils n'ont
pas assez médité sur l'histoire et qu'ils ne
se sont pas livrés à la comparaison des
différentes époques. Pourquoi ne dirai-je
pas qu'à l'étude de l'histoire il faut join-
dre la méditation profonde et conscien-
cieuse de l'Évangile, destiné à éclairer les
hommes de tous les temps et de tous les
climats?

Saint-Simon lui-même, à l'imitation de
Mahomet, s'est incliné devant Jésus-
Christ, et a reconnu que l'Évangile était
inspiré; mais, s'arrêtant aux formes exté-
rieures du Christianisme, repoussées par
les réformateurs du seizième siècle, il
a déclaré qu'il était usé et n'était plus
approprié à l'état social actuel. C'est une
erreur qu'il faut combattre et qu'il ne
faut pas mépriser.

La religion saint-simonienne a attaqué l'hérédité, au moins on l'en accuse;
c'est blesser le sentiment paternel, le plus
puissant de tous!.....

La religion saint-simonienne plaide la cause du pauvre, mais l'Évangile a-t-il laissé quelque chose à faire sous ce rapport?

Le *Journal des Débats* s'est affligé avec raison des éloges prodigués par quelques-uns de ses confrères à la modération des ouvriers de Lyon après la victoire. Il n'est pas prudent de louer des hommes d'avoir brûlé au lieu de piller; c'est créer un *point d'honneur* trop sophistiqué, et qui pourrait tirer à conséquence.

Le *lien* entre le bailleur de fonds, le capitaliste, le propriétaire (car ils sont tous sur la même ligne que le fabricant), et l'ouvrier, est le premier et le dernier anneau social; il faut donc le placer sous la sauve-garde de *l'opinion*, encore plus que sous celui des troupes de ligne et de la gendarmerie. Telle est la seule observation que je me permette de faire à cet égard à Messieurs les journalistes, sur lesquels pèse une immense responsabilité morale à l'époque où nous vivons. Ce *lien* se brisera si l'on ne réussit pas à prouver à l'ouvrier que le cré-

dit seul peut soutenir son travail, et
que l'émeute ne le conduit qu'à mourir
de faim, autour des cendres qui en sont
le produit net. Il faut que le législateur
fixe les impôts comme Henri IV, de manière que l'ouvrier puisse *mettre la poule
au pot;* il faut que le fabricant interroge
les besoins de l'ouvrier ; mais il faut aussi
que celui-ci sache modérer ses désirs et
qu'il s'interdise *le luxe.*

Un des fruits de l'égalité est sans
doute la faculté pour tous de savourer
sans scrupule toutes les jouissances du
luxe, sans se laisser arrêter par les scru-
pules qui naissaient autrefois de la différence des rangs et des classes ; mais cette
faculté n'est-elle pas un piège quelquefois,
et n'impose-t-elle pas le devoir aux riches
qui sont restés à la sommité d'user mo-
destement de leur opulence, pour ne pas
donner un exemple funeste à ceux qui
voudraient dépasser leurs moyens pour
les atteindre?

En suivant attentivement les causes
criminelles, on acquiert la conviction que

le luxe est l'une des causes séductrices les plus communes des crimes qui se commettent dans la société moderne.

J.-J. Rousseau, dans ses *Confessions*, raconte qu'il avait souhaité la mort d'un homme qui le comblait de bontés, pour jouir de son bel habit noir dont il espérait hériter !

On a renoncé avec raison aux lois somptuaires ; elles étaient inefficaces : c'est donc devenu une affaire de conscience pour les hommes riches et les femmes opulentes, de ne pas se livrer à un luxe effréné, puisque, d'échelon en échelon, ils créent des besoins factices chez les pauvres, et qu'ils donnent naissance à des professions, à des métiers, qui tombent aussitôt que l'horizon politique est troublé, comme on l'a vu en France après la révolution de 1830.

Si le luxe fait mourir de faim la classe ouvrière, il affecte l'indépendance morale et politique de toutes les autres, et c'est à lui qu'il faut attribuer l'opinion généralement répandue en Europe, et que je ne partage point, que la France n'est pas faite pour des institutions *libérales*. M. de Pradt, dans un de ses nombreux ouvrages, explique fort bien la position sociale d'une foule d'hommes, qui, vu le luxe auquel ils se *croient obligés*, deviennent d'ardens *solliciteurs*, et trop souvent plus dévoués à leur intérêt qu'à leur conscience.

Cette conscience, pour se calmer, dit aux gens riches, qu'en se livrant au luxe ils favorisent la fabrication et le commerce; c'est ici qu'ils trouvent sur leur chemin les économistes avec leurs calculs sur les dépenses productives et improductives, qui sont peut-être fort justes à la longue, mais dont l'application *soudaine* et brusque doit faire beaucoup de malheureux, jusqu'à ce qu'ils aient embrassé les professions *productives* qu'on leur indique.

Il est donc bien certain que le législateur en allégeant les impôts qui pèsent sur le pauvre, le particulier en ne donnant pas l'exemple d'un luxe effréné, le fabricant ou le propriétaire quelconque en n'abusant pas de sa position, pourront contribuer à rendre les crimes et les désordres plus rares. Mais, en attendant, il faut supprimer les peines irréparables pour ne pas détruire des hommes qui éprouvent des *tentations* qui souvent sont le fruit de leur malheureuse position.

———

Un ami éclairé de l'humanité, M. B. Saint-Edme, a publié en 1824 « *un Dic-* » *tionnaire de la pénalité dans toutes les* » *parties dn monde connu;* tableau his- » torique chronologique et descriptif des » supplices, tortures ou questions ordi- » naires et extraordinaires, tourmens, » peines corporelles et infamantes, châti- » mens, corrections, etc., ordonnés par » les lois, ou infligés par la cruauté ou le » caprice chez tous les peuples de la terre, » tant anciens que modernes, auxquels on » a rattaché les faits les plus importans

» que l'histoire présente en condamna-
» tions ou exécutions civiles, correction-
» nelles ou criminelles. »

L'introduction de cet ouvrage contient
des réflexions trop favorables à ma cause,
pour que je ne les reproduise pas ici.

« A toutes les époques, chez toutes les
» nations, les peines et les supplices con-
» sacrés par les lois et les usages, ont éga-
» lement servi des intérêts privés, qui
» deviennent alors le sujet des plus grands
» crimes que l'homme puisse commettre.
» Et si l'on peut détourner l'application
» de la loi au profit des passions hai-
» neuses, n'est-ce point une étrange im-
» piété, une détestable trahison de la
» justice, d'oser, au lieu de la modifier
» en faveur de l'humanité et même de la
» morale publique, ajouter ces redoutables
» tortures à ce qu'elle a déjà d'excessif et
» de sanguinaire?

» Il y a des affaires criminelles où les
» cas sont si imprévus, si compliqués,
» accompagnés de circonstances telle-
» ment bizarres, que l'habitude de juger,

14

» que l'esprit le plus pénétrant, peut à
» peine soulever un des coins du voile de
» la vérité ! »

En parlant du droit de vie et de mort, il
dit, page 16 de l'introduction :

« Il faut remarquer qu'il n'est point
» question ici d'examiner le droit que s'ar-
» rogent les hommes de disposer de la vie
» de leurs semblables. Ce droit, qui est
» un envahissement sur la puissance di-
» vine, et qui semble n'appartenir à per-
» sonne, entraînerait dans une discussion
» trop longue, et serait sans aucun résul-
» tat pour le malheur. Cependant, je ne
» puis m'empêcher de parler d'un moyen
» qui me paraît propre à fixer l'attention
» des gouvernans et des gouvernés, parce
» que son emploi diminuerait infaillible-
» ment le nombre des crimes et surtout
» celui des peines à infliger. Ce serait
» d'affecter une ville convenablement for-
» tifiée pour y renfermer les condamnés,
» quels que fussent leurs délits (1). Là, di-

(1) La conquête de la côte d'Afrique qui

» visés par classes et obligés au travail, la
» morale, la religion, l'humanité, le tré-
» sor même, en retireraient d'immenses
» avantages. Rentrés dans le monde à l'ex-
» piration du terme de leur détention ex-
» traordinaire, ces citoyens n'y rapporte-
» raient point ces vices dont on contracte
» l'habitude dans les prisons, au lieu
» d'exil, ou pendant le bannissement; ils
» y reviendraient corrigés, sans doute, et
» laborieux. On n'aurait plus à gémir sur
» le sort de ces infortunés qu'on envoie
» aux galères ou dans les colonies d'ex-
» portation, comme faussaires ou voleurs,
» et qui en sortent assassins. Enfin, on ne
» contrarierait point le vœu de la nature
» par des exécutions qui l'effraient et qui
» changent criminellement la destination
» qu'elle a donnée à tous les êtres. »

Le défenseur habituel des hommes sur
lesquels pèse une prévention juridique,

borde la Méditerranée, semble se prêter à la
proposition de l'auteur, et offrir le moyen de
concilier la déportation avec le système pénitentiaire.

l'avocat, le législateur, le juge permanent,
le juré, trouveront dans cet ouvrage de
nouveaux motifs de demander l'abolition
des peines corporelles en général, et de la
peine de mort en particulier. Ils y trouveront la preuve que des hommes acquittés
par la postérité, ont subi les supplices les
plus cruels; ils y verront que de Thou,
condamné à être décapité pour un fait de
non révélation, reçut du bourreau onze
coups de sabre avant de subir la mort, et
que le comte de Lally-Tollendal, dont la
mémoire a été réhabilitée par les soins de
son fils, a éprouvé le même sort; ce qui fit
dire alors au public que son supplice avait
été une horrible *hâcherie* (1).

Le législateur avare du sang et des
deniers de ses concitoyens, y trouvera la
preuve que les appointemens alloués aux

(1) M. Saint-Edme a fait placer dans son ouvrage des gravures qui ajoutent encore à son intérêt et fixent dans la mémoire les faits sur lesquels
il cherche à attirer l'attention du lecteur. Puissent les arts servir toujours ainsi la cause de
l'humanité!

exécuteurs des sentences capitales pourraient être plus utilement et plus humai-
nement employés au perfectionnement du
système pénitentiaire, sur lequel M. Charles Lucas a déjà donné tant de renseigne-
mens utiles et intéressans. Lorsqu'on
s'occupe de législation pénale, lorsqu'on
publie des observations sur un sujet aussi
important, on est tout naturellement conduit à méditer sur les tentations qui
peuvent conduire au crime, et à invoquer
toutes les institutions qui peuvent en ré-
trécir le cercle, et à supplier les hommes
qui exercent quelque influence sur l'opinion à seconder ce mouvement autant
qu'il est en eux de le faire.

Quelques journaux ont rempli ce devoir
après la funeste insurrection de Lyon. Au
lieu de faire l'éloge des ouvriers, au lieu
d'appeler contre eux des supplices, ils ont
reproduit des fragmens de l'excellent ouvrage de M. Say sur l'économie politique,
où il s'adresse aux journaliers pour leur
rappeler que sans ordre public il n'y a
point de confiance, point de crédit, et que

sans crédit il n'y a point de commandes, et par conséquent point de travail. Les mêmes journaux ont réclamé la diminution des impôts qui tombent plus spécialement sur la classe indigente. C'est ainsi que la presse périodique remplit une honorable mission.

Quant à la littérature, et surtout à la littérature dramatique, je ne puis m'empêcher de lui présenter ici une humble requête, pour qu'elle use de son influence pour ranimer chez les contemporains des sentimens qui puissent leur donner la force de supporter l'immense transition à laquelle ils assistent.

Que les auteurs dramatiques me permettent de leur rappeler la correspondance de d'Alembert avec J.-J. Rousseau sur les spectacles, car elle est fort instructive à une époque où les vœux que formait le philosophe de Genève sont accomplis en grande partie.

Que les auteurs dramatiques se souviennent que les spectateurs, pour lesquels ils travaillent, sont presque tous appelés à être investis d'une autorité quelconque, en qualité d'officiers municipaux, d'officiers de garde nationale, de jurés ou de législateurs, et que leur moralité est devenue bien autrement importante que ne l'était celle du parterre qui applaudissait Racine, Corneille, Molière ou Beaumarchais!

Si l'expérience, éclairée par de profondes études, a démontré que la vue des supplices excitait de certains individus (affligés d'une susceptibilité nerveuse excessive) à répandre le sang, les auteurs dramatiques, les poètes, les romanciers, les artistes, ne craignent-ils pas de faire naître la pensée du crime dans des individus *moralement* aussi impressionnables que d'autres le sont *physiquement?* Ils espèrent sans doute de leurs efforts un effet tout contraire : ils croient exciter la haine et le mépris des masses pour les actions qu'ils peignent avec des couleurs si noires. Obtiennent-ils ce résultat? Je ne le crois pas!

Ils ne réussissent pas mieux à réprimer

les vices et les crimes par ces représenta-
tions sanglantes (qui, jusqu'à présent,
n'étaient admises que sur le théâtre anglais), que le ministère public ne réussit
à tarir la source des libelles politiques par
des réquisitoires qui fournissent aux dé-
fenseurs des ouvrages incriminés l'occasion de renchérir encore sur les expres-
sions qui font l'objet de l'accusation, et
qui acquièrent de cette manière une publicité immense. C'est une réflexion que je
me suis déjà permise dans des écrits que
j'ai livrés à la presse depuis plusieurs années. Aucun journal, aucun écrivain
politique, n'a plus maltraité les derniers
ministres de Charles X, que les avocats
chargés de la défense de ceux qui, chaque
jour, les attaquaient pendant leur ad-
ministration.

Les auteurs en général, les artistes
dramatiques surtout, exercent une sorte
de magistrature populaire dans un pays
libre, qui fait peser sur eux une responsabilité *toute morale, il est vrai,* mais une
responsabilité qui tient à *ce point d'hon-*

neur qui fut toujours si puissant sur les Français sous la monarchie absolue, et qui doit se traduire *en conscience* pour les citoyens d'un pays libre !......

Sans soumettre mon opinion sur la peine de mort à l'autorité des hommes, puisque je la crois conforme à l'esprit de l'Evangile, je cite volontiers les auteurs qui la partagent.

M. Villemain, dans l'un des cours qu'il a donné à Paris et qui a été publié par la voie de la presse, a reproduit une lettre de saint Augustin, où il demande au proconsul romain de l'Afrique la grâce des assassins qui avaient fait périr des prêtres de l'église d'Hippone, dont il était évêque. Il expose qu'il vaut mieux les faire travailler et leur laisser le temps de se repentir, que de leur ôter la vie. Après cela, je n'ai pas besoin de parler de l'opinion de M. Villemain sur la peine de mort.

———

M. de Chateaubriand, dans la brochure qu'il a publiée pour repousser la proposi-

tion de M. Bricqueville, qui tendait à appliquer la peine de mort aux membres de
la famille des Bourbons qui rompraient
leur ban, a émis le vœu que la peine de
mort fût rayée du *droit commun*, et ce
qu'il y a de bien remarquable, c'est que
M. Bricqueville lui-même a déclaré
qu'il appuierait cette proposition, mais
qu'en attendant il réclamait la peine la
plus grave pour le crime le plus grave et le
plus périlleux pour la société.

M. Alphonse Delamartine (1) a fait
paraître à la même époque une brochure
intitulée *Politique rationnelle*, où il émet
le même vœu que M. de Chateaubriand, et
où il considère la peine de mort comme in-
compatible avec les progrès de la civilisa-

(1) Presque tous les ouvrages que je cite se
trouvent à la Société de Lecture du Musée de
Genève, où se réunissent tant d'étrangers dans le
but de s'instruire et de propager ensuite dans leur
patrie les lumières qu'ils y ont acquises.

tion. Le même auteur félicite le gouvernement qui a régi la France depuis le mois de juillet 1830, d'avoir su éviter une guerre qui aurait pu plonger l'Europe dans la barbarie; et, fidèle aux sentimens religieux qu'il a exprimés dans de si beaux vers, il attend du Christianisme, de l'Evangile, les secours nécessaires pour traverser l'époque de transition où se trouve le monde civilisé. Il ne doute pas que tous les amis du bien, que les saints-simoniens eux-mêmes, ne se rallient un jour autour du Christianisme, qui seul peut satisfaire à tous les besoins de l'humanité.

———

M. Victor Hugo, l'un des chefs de l'école romantique, est évidemment contraire aux peines irréparables : ses ouvrages l'attestent.

———

M. Charles Pougens, l'un des Nestors des gens de lettres français, a voué sa plume à la même cause, et démontré dans un roman ingénieux intitulé : *Abel, ou les Trois Frères*, combien la société était coupable d'enlever à une créature humaine le temps de se régénérer (1).

M. de Jouy, l'aimable auteur de *l'Hermite de la Chaussée d'Antin*, l'homme

(1) En 1827, il me fit l'honneur de m'écrire pour m'exprimer sa sympathie et pour m'offrir le don de cet ouvrage intéressant, sur lequel M. le chevalier de Loizerolles s'exprimait en ces termes :

Lettre de M. le Chevalier de Loizerolles à M. Charles Pougens, Chevalier de plusieurs Ordres, des Instituts de France, etc., de la Société Philosophique Américaine, des Académies della Crusca, de Madrid, etc., etc., Auteur du roman intitulé : Abel, ou les Trois Frères (sur la 2me édition de cet ouvrage).

« J'ai lu et relu plusieurs fois votre éloquent » ouvrage : *Abel, ou les Trois Frères*. Dans plus » d'un passage, il m'a fait verser bien des larmes. » La condamnation de cet infortuné jeune homme

qui a le mieux étudié les mœurs du dix-

» à trois ans de galères a été entièrement écrite
» par votre cœur, et votre plume n'a fait que lui
» obéir. Quel portrait déchirant vous tracez de la
» situation de ce pauvre Abel, confondu dans le
» bagne avec des scélérats ! Quel touchant épisode
» que celui des deux frères jumeaux condamnés à
» la même peine!

   » Quelle source de sentimens vous rouvrez dans
» le cœur d'Abel après sa sortie du bagne ! — Le
» rêve qu'il fait sur sa malheureuse amante at-
» tendrit à la fois et fait frémir d'horreur ! Le
» billet que Mme de Sainte-Amaranthe écrit à
» Abel après son expulsion du château est éner-
» gique et précis. Dans quelle situation neuve et
» dramatique vous placez le malheureux Abel
» avec le comte Henri ! — Quel passage déchirant
» que le meurtre involontaire de Manette, de son
» amante, par Abel, et que le sombre désespoir
» de celui-ci ! Quel tableau vigoureux vous tracez
» des erreurs des deux frères d'Abel et des châti-
» mens qui en sont la suite ! Quelle morale sort du
» sujet dans ces pages brûlantes ! — Des pleurs se
» sont échappés de mes yeux lorsque les juges
» prononcent la peine de mort contre Abel, con-
» vaincu du meurtre involontaire de sa maî-
» tresse ! — Avec quel art vous étalez dans tout
» son jour l'odieuse sévérité des magistrats qui

neuvième siècle, réclame l'abolition de la

» prononcent une sentence terrible contre une
» action, sans doute criminelle, mais qui ne de-
» vait pas entraîner la peine capitale ! Ce qui
» rend cet ouvrage vraiment admirable, ce qui
» attache et soutient l'attention de page en page,
» c'est la forme dramatique que vous avez su lui
» donner. Avec quel talent, tantôt pathétique et
» sublime, tantôt sombre et terrible, vous savez
» revêtir votre narration des couleurs du senti-
» ment. Cet ouvrage, écrit d'inspiration, acquiert
» encore un nouveau degré d'intérêt dans les cir-
» constances actuelles, et honore autant votre
» esprit que votre cœur. — J'approuve infiniment
» les heureuses additions que vous avez faites
» dans la préface et dans le corps même de l'ou-
» vrage ; bref, le tableau que vous tracez des
» maisons pénitentiaires établies aux Etats-Unis
» d'Amérique, en Hollande, en Suisse, à Genè-
» ve, etc., etc. — Il ne suffit pas de détruire, il
» faut savoir édifier. Je suis encore à concevoir
» comment, occupé depuis plus d'un demi-siècle
» de travaux d'érudition qui vous ont mérité les
» suffrages de l'Europe savante, vous avez pu en-
» richir la philosophie et la littérature de tant
» d'ouvrages remplis de sentiment et de grâce :
» *les Quatre Ages*, *la Religieuse de Nîmes*,
» *Lettres d'un Chartreux*, *Lettres philosophi-*

peine de mort, comme une mesure entièrement en harmonie avec ces mœurs (1).

⸻

M. Manzoni, le petit-fils de Beccaria (2), dans ses *Fiancés*, ne cache pas son horreur pour les peines *irréparables*.

⸻

M. Pictet-Diodati, président de la Cour criminelle de Genève, me déclarait dans

» ques, *Lettres de Sosthène*, vos charmantes
⁂ poésies, *les Contes du vieil hermite de la vallée*
» *de Vauxbuin, Jocko*, etc., etc.

» Je suis etc., etc. »

(1) Dans une lettre pleine de bonté, M. de Jouy me rappelait qu'en 1828 il avait émis cette opinion pendant un cours donné à l'Athénée en 1823, et qu'il l'avait consignée dans deux de ses ouvrages : 1° dans *la Morale appliquée à la politique* ; 2° dans un roman intitulé : *Cécile, ou les passions*.

(2) La famille de l'illustre auteur des *Délits et des Peines* a bien voulu me faire don d'une mé-

une lettre que quand la majorité du Conseil Souverain de Genève prononcerait l'a-
bolition de la peine de mort, il verrait
cette mesure, non-seulement sans peine,
mais avec un sentiment très-doux.

———

Monseigneur le duc d'Orléans, actuellement roi des Français, me faisait l'honneur de m'écrire, en 1828, qu'il avait
toujours vivement désiré l'abolition de la
peine de mort.

———

M. le marquis de Pastoret, chancelier
de France sous le règne de Charles X, au-

daille qui représente cet homme qui a porté le
premier coup à la législation pénale du moyen
âge; j'ai été bien sensible à cette attention, que je
dois sans doute à la sympathie que j'ai témoignée
dans mes écrits pour les sentimens exprimés par
leur aïeul. M. Manzoni lui-même, en m'accusant
la réception de mes écrits, en a manifesté qui
sont bien dignes de lui et de sa belle âme.

teur de *la Législation pénale* (1), n'a cessé de me donner des encouragemens dans la cause que j'avais embrassée.

———

M. de Kératry a composé un ouvrage intitulé *Frédéric Stendall*, où il peint le malheur attaché au sort des familles condamnées à fournir l'exécuteur des sentences capitales.

———

Adrien Duport demanda l'abolition absolue de la peine de mort au commencement de la révolution française; il ne l'obtint pas, mais elle fut réduite à un nombre de cas inférieur à celui qui existait auparavant, et à *la mort simple* dépouillée de tortures aggravantes.

———

En 1830, M. Victor de Tracy demande

(1) Où il combat victorieusement les partisans les plus célèbres de la peine de mort.

l'abolition de la peine de mort ; bientôt
après, en 1831, paraît un projet de loi
qui la maintient, mais qui réduit encore
les cas où elle sera appliquée, et accorde
au jury le droit de prendre en considération des causes atténuantes pour descendre
de deux échelons dans l'échelle de la
pénalité.

———

M. Grohmann, professeur à Hambourg,
sert puissamment la cause de l'abolition
de la peine de mort par ses écrits, et m'a
constamment témoigné la plus vive sympathie pour mes opinions.

———

M. Heiberg, savant danois établi à
Paris, a publié des ouvrages remarquables
en faveur de l'abolition de la peine de mort,
et m'a donné des encouragemens.

———

M. de Bérenger a trahi dans mille oc-
casions, soit dans ses ouvrages, soit dans
ses rapports, le désir qu'il a de voir cesser
dans son pays de sanglantes exécutions, et
a bien voulu m'assurer qu'il approuvait
mes efforts. Tant qu'il conservera l'influence que lui ont mérité ses talens et ses
qualités morales, j'espérerai toujours de
voir effacer du Code pénal les peines irréparables.

Le chef du gouvernement de mon canton, le président de la confédération
suisse, et plusieurs souverains, ont accueilli
avec bonté l'hommage de mes écrits ; ainsi,
quel que soit le sort à venir de mes efforts
en faveur de l'inviolabilité de la vie de
l'homme, mes enfans trouveront dans
mes papiers la preuve que les sympathies
ne m'ont pas manqué.

Le projet de Code pénal vient d'être voté à la Chambre des Députés (1), mais il doit encore être discuté et voté à la Chambre des Pairs; ainsi je ne désespère pas de voir présenter un amendement pareil à celui que M. Thouvenel a proposé à la Chambre des Députés. Dans tous les cas, la discussion permettra aux Pairs qui partagent mon opinion de la développer à une tribune qui a de l'écho dans l'univers entier.

Dans une des premières séances de la session du Conseil représentatif de Genève, le pouvoir qui est investi de l'initiative des lois a déclaré que le nouveau projet de Code pénal qui doit remplacer celui de 1810, serait incessamment soumis au Conseil qui a été reconnu *souverain* au moment où la république de Genève a recouvré son indépendance. Faisons des vœux pour qu'il use de cette souveraineté pour abolir toutes les peines *irréparables* (2),

(1) Ecrit le 12 octobre 1831.

(2) M. le chevalier Carmignani, professeur de

comme Léopold, grand-duc de Toscane.

Je suis si convaincu que le meilleur
moyen de prévenir les contraventions est
de donner aux lois civiles, pénales ou politiques la plus grande publicité, qu'en
1827 je fis réimprimer le *Code pénal
fédéral*, et le fis insérer dans les quinze
cents exemplaires du rapport du concours
que j'avais ouvert en faveur de l'abolition
de la peine de mort, afin qu'il fût bien
connu de tous mes concitoyens, qui sont
tous exposés à y être soumis quand la
Suisse appelle ses enfans à son secours.
La même conviction m'a engagé à demander, le 16 décembre 1831, que le Pacte

droit criminel à Pise en Toscane, a confirmé, dans
un mémoire inséré dans le journal de MM. Mittermeier et Zacharie, de Heidelberg, tout ce que
M. Lucas a affirmé dans son ouvrage sur les
heureux effets de l'abolition de la peine de mort
en Toscane.

fédéral, qui est la charte de la Suisse, fût
distribué aux frais de l'état, au nombre
de cinq cents exemplaires, dans le canton
de Genève, émettant en même temps le
vœu que la même mesure fût prise dans
les vingt-deux cantons suisses, afin que
la nation pût juger par elle-même si
cette charte était susceptible d'une réforme, comme l'assurent plusieurs publi-
cistes suisses. Caligula, pour avoir des
fautes à punir, faisait afficher ses ordonnances si haut, qu'aucun citoyen ne pouvait les lire : ce n'est pas au dix-neuvième
siècle qu'on doit reproduire un pareil
spectacle; il faut que les gouvernemens
profitent comme les citoyens de la publicité, et qu'ils trouvent en elle une égide.
Les actes de celui de Genève ne peuvent
que lui faire honneur; mais je crois que
notre canton marcherait plus vite dans la
route *du progrès*, si le Corps législatif,
dans lequel a été déposée la souveraineté
par la nation en 1814, obtenait une part
légitime dans l'initiative des lois, comme
je l'ai réclamé en 1831. Je demandais que

si cinquante membres (1) appuyaient une proposition, elle fût déposée par son auteur et communiquée à tous les citoyens qui voudraient en prendre connaissance, ensuite développée par son auteur, et enfin discutée et votée à la seconde session, après avoir entendu les observations du pouvoir exécutif. Pour justifier cette proposition, j'ai démontré que presque tous les Corps législatifs du monde avaient une part plus ou moins grande dans l'initiative des lois, et que Genève allait bientôt être le seul pays où il en serait privé. Le lecteur concevra facilement que mon motif principal, en demandant l'initiative, était de faire débattre solennellement la question de la peine de mort ; ce qui n'existera pas, tant que le pouvoir exécutif jouira *exclusivement* de l'initiative. Voilà seize ans que j'insiste officiellement auprès du pouvoir exécutif, pour qu'il propose de lui-même l'abolition de la peine de mort. Eh

(1) Le Conseil Souverain est composé des 247 députés directs de la nation.

bien! il n'a pas encore soumis au Corps législatif la révision ou la réforme du Code français de 1810 (1)!

———

Du 22 décembre 1831.

Des bruits sinistres parviennent jusqu'à moi, et me font craindre que les malheureux qui ont tenté de renverser la régence actuelle de Neuchâtel, pour y substituer le gouvernement *purement républicain suisse*, ne soient condamnés à mort comme rebelles! Aussitôt je prends la plume, et j'écris à un diplomate prussien, au baron d'Armin (2), qui m'a témoigné

(1) Il faut dire qu'elle a été promise en dernier lieu par M. le Premier Syndic, président du Conseil d'Etat. Depuis la restauration de la république, en 1814, il n'y a eu que trois hommes mis à mort; certes s'ils étaient dans des prisons, personne ne s'en plaindrait!.....

(2) Il réside à Berne, à dix lieues de Neuchâtel.

quelque sympathie pour mes sentimens,
afin qu'il obtienne qu'on attende la
signature du roi de Prusse avant de procéder à aucune exécution; par ce sursis,
on leur sauverait la vie, car ce bon
prince a (jusqu'à présent) presque toujours refusé sa sanction aux arrêts *de
mort*.

Les condamnations de Charles de Labédoyère et du maréchal Ney retentis-
sent encore assez douloureusement, pour
qu'on s'abstienne des supplices, *au moins
en matière politique, en attendant
mieux!*...

En 1830, je crus devoir multiplier
mes écrits sur l'abolition *absolue* de la
peine de mort, dans l'espoir qu'ils disposeraient favorablement les deux Chambres françaises en faveur de cette mesure,
qui, étant prise avec cette étendue avant
le procès des ministres de Charles X, aurait préservé Paris de bien des troubles,
de bien des émeutes, parce que le peuple
y aurait vu un progrès de la civilisation,
tandis qu'il n'a vu dans la proposition

partielle de la Chambre des Députés du
9 octobre, que l'intention de sauver la tête
des ministres de Charles X, qu'il accusait
du sang versé pendant les trois journées
de juillet 1830.

Depuis que le canton de Neuchâtel est
tourmenté par la guerre civile, je me suis
fait un devoir d'y faire distribuer des
exemplaires du Code de Léopold et la
lettre où j'annonce le travail que j'offre
aujourd'hui au public. Dans cette distribution, je n'ai pas oublié le commissaire
royal, M. de Pfuel. C'est déjà trop du
sang versé sur le champ de bataille, et
qui sûrement n'eût pas coulé si les troupes
fédérales fussent restées dans le canton
jusqu'à la seconde expédition de M. Bour-
quin ; elles se seraient précipitées entre
les deux partis, et les auraient forcés, sinon
à s'embrasser, au moins à poser les armes
comme la première fois, car la mission de
l'armée fédérale est de défendre l'indépendance nationale au-dehors, et de
prévenir l'effusion du sang dans l'intérieur. Les exécutions n'auraient d'autre

effet, maintenant, que de porter à l'extrême l'irritation du parti qui désire que le canton de Neuchâtel devienne entièrement suisse.

————⋅◦●◦⋅————

Je dois témoigner ici ma reconnaissance aux Sociétés Académiques de Besançon, d'Abbeville et de Mâcon, qui ont cru devoir encourager mes efforts en me faisant l'honneur de me nommer *membre correspondant*. On remarquera sans doute (et avec raison) que je ne le dois qu'à la persévérance avec laquelle je défends la cause de *l'inviolabilité de la vie de l'homme*. On a vu avec plaisir ces associations ouvrir elles-mêmes des concours sur les questions qui intéressent le plus l'ordre social (1),

(1) On voit dans les rapports annuels de la Société Académique de Mâcon, rédigés par M. Alexandre Mottin, son secrétaire perpétuel, qu'il est sorti de ces concours des mémoires très-instructifs sur les forçats libérés et sur d'autres

au lieu de provoquer de frivoles discussions sur des objets de pur agrément, sur des arguties dignes du Bas-Empire, comme cela ne se pratiquait que trop dans les siècles passés. Aujourd'hui, qu'il se forme partout des associations publiques où sont discutées les bases de l'ordre social, il est important que celles que je viens de signaler, celles qui ont des sentimens analogues à ceux qui ont pro-

objets aussi importans. M. Alphonse Delamartine et plusieurs autres hommes distingués font partie de cette Société Académique. Le président de la Société d'Abbeville, M. Boucher de Perthus, a publié des voyages imaginaires, où il a mis en action les principes les plus sages et les plus utiles à la société. M. le professeur Bourgon, membre de l'Académie de Besançon, s'est livré aux recherches les plus savantes sur l'histoire, et a repoussé l'opinion qui tendait à faire considérer celle de Guillaume Tell comme une fable. Les trois personnes que je viens de nommer voudront bien recevoir ici l'expression de ma reconnaissance pour la sympathie qu'elles ont bien voulu me témoigner, et pour les encouragemens dont elles ont accompagné mes efforts.

voqué la création de la Société de la
Paix de Genève, donnent des encouragemens aux auteurs qui savent concilier,
dans leurs ouvrages, ce qu'on doit à la
la liberté individuelle, avec ce qui est dû
à *la société*. Le désordre ou la tyrannie
naissent de l'abus qu'on fait des prétentions de ces deux ordres d'idées. On voit
les uns repousser toute espèce de sacrifice de la première, et les autres vouloir
qu'on immole à la seconde jusqu'aux sentimens les plus profonds, les plus impé-
rieux de la nature : aussi, un magistrat
français, traîné devant un tribunal révolu-
tionnaire pour avoir envoyé de l'argent à
ses enfans émigrés, malgré la loi, répon-
dit-il qu'il connaissait une loi supérieure
qui défendait de laisser mourir de faim sa
famille!... Eh bien! les personnes ani-
mées de sentimens d'humanité répondront
comme ce magistrat; elles obéiront aux
lois, elles prêcheront l'obéissance aux lois,
mais elles demanderont (à genoux s'il le
faut) qu'on bannisse du droit commun,
du droit international, des dispositions

qui semblent donner une sanction de légitimité aux actes qui tendent à priver une créature humaine d'un bien tel que la vie, soit par des sentences, soit par des déclarations de guerre qui donnent aux particuliers l'exemple de s'envoyer des cartels, qui souvent permettent à l'offenseur de tuer l'offensé, en guise de réparation. Les associations bienveillantes sont donc le contre-poison de celles qui se forment dans le but de renverser l'édifice social, au lieu de le réparer peu à peu. Elles méritent l'intérêt des honnêtes gens, des hommes éclairés, qui reconnaissent la puissance de l'esprit d'association pour opérer le bien ou le mal ; ce sont des associations contre la mort *opérée par la volonté des hommes*, que j'invoque de toutes mes forces pour combattre ces doctrines machiavéliques qui érigent en *honneur national* la conquête d'une contrée paisible et inoffensive, traduisent en *raison d'état* des exécutions sanglantes, qui, le plus souvent, ne sont que la satisfaction de passions haineuses, ou le fruit de la routine. L'avantage de l'association, c'est qu'une fois qu'on est convenu du but, chaque membre trouve dans son imagination des moyens de l'atteindre, et pour en revenir au motif qui m'a mis la plume à la main, je prévois qu'aussitôt après l'abolition de la peine de mort, il se formera partout des associations en faveur du perfectionnement des prisons, du perfectionnement de la police préventive, du perfectionnement du système des impôts, des douanes, de l'instruction primaire, de tout ce qui peut éviter les crimes et rendre leur punition utile même à ceux qui en sont atteints. L'idée qu'on ne pourra plus priver un homme de la vie, donnera une nouvelle énergie à ceux qui recherchent quels sont les moyens de le rendre meilleur. De philanthropique, de religieuse qu'était une pareille entreprise, elle deviendrait aussi un élément de sécurité qui serait cultivé et développé par ceux qui ne demandent le maintien de la peine de mort que comme une garantie; quand elle leur aura échappé, il faudra bien qu'ils en cherchent d'autres, qui feront un bien *positif*, tout en écartant un mal *incertain*. Partout où l'on abattra des échafauds, on verra s'élever à leur place des écoles et des maisons pénitentiaires; plus les premières seront suivies, moins les autres seront habitées; mais je répéterai à satiété que la peine de mort est un oreiller de paresse qui endort les agens de la société et les rend indifférens aux moyens d'améliorer l'espèce humaine. C'est au législateur à sanctionner par sa votation la répugnance très-visible du public et des jurés pour les exécutions sanglantes !

Si, dans mon pays, je suis instant pour que le Corps législatif, composé des députés directs de la nation, ait une part dans l'initiative des lois, c'est d'abord parce que je le trouve juste; en second lieu, que j'espère toujours que ce corps exercerait cette initiative en faveur de l'inviolabilité de la vie de l'homme. La Diète est saisie d'une proposition (1) ten-

(1) Celle de M. Massé, l'un des députés de Genève à la Diète suisse.

dante à réformer le Code pénal fédéral ;
mais comme l'exemple est un argument
très-puissant, la majorité de cette assemblée se laisserait sans doute entraîner par
celui du canton de Genève, quand elle le
verrait abolir la peine de mort. Depuis
que Genève a donné Lefort à la Russie,
Delolme à l'Angleterre, Necker (1) à la
France, J.-J. Rousseau au monde entier,
on s'attend toujours à ce qu'il en sorte de
ces idées favorables à la civilisation, qui
doivent plaire aux penseurs, aux amis de
l'humanité ! Un journal a dit que Genève
était un *volcan éteint;* c'est au législateur

(1) Les quinze ans de régime constitutionnel
qui ont suivi les événemens de 1814 ont fait
apprécier les qualités et les vues de M. Necker.
Son *compte rendu* est le premier acte public
qui caractérise l'adoption du principe, que les
agens de la société sont responsables envers
elle de la gestion de ses intérêts. Il avait tellement à cœur de rétablir les finances de la
France, que, luttant contre ses propres sentimens, il chercha à détourner Louis XVI de la
guerre d'Amérique par la présentation d'un
mémoire digne de la *Société de la Paix.*

à prouver que s'il ne s'échappe pas de ses flancs une lave destructive, il couve dans ses entrailles le feu sacré de l'humanité.

CONCLUSION.

Si la question de la peine de mort était *purement judiciaire*, si elle appartenait *uniquement* au domaine de *l'utile*, je conclurais en renvoyant le lecteur à tous les historiens et à tous les criminalistes les plus célèbres qui ont accusé et condamné les peines *irréparables*, en signalant leur inefficacité et leurs dangers, mais on commence à convenir généralement qu'une peine qui lance une créature humaine dans l'éternité, peut être contraire à une religion qui établit la doctrine de *l'immortalité de*

l'ame! Cela posé, je choisis dans l'Evangile le discours de notre Seigneur Jésus-
Christ sur la montagne, comme le document qui me semble le plus favorable à la
cause que j'ai embrassée ; car il n'est aucun chrétien, quelle que soit la communion
à laquelle il appartienne, qui ne s'incline
devant les paroles et les préceptes qu'il
renferme.

Quand je réclame l'abolition de la peine
de mort, je m'adresse également au catholique romain, au calviniste, au luthérien,
au quaker, au morave, au méthodiste, à
l'anglican, au grec schismatique, à tous
ceux enfin qui prennent l'Evangile pour
guide de leur foi et qui le reconnaissent
pour être la base de la morale universelle ;
or, cet Evangile, et surtout le sublime
discours que j'ai cité, détruisent l'argument le plus puissant des partisans de la
peine de mort, *le talion*, par ces mots
que je cite ici textuellement :

*Car si vous pardonnez aux hommes
leurs offenses, votre Père Céleste vous
pardonnera aussi les vôtres ; mais si*

vous ne pardonnez point aux hommes leurs offenses, votre Père ne vous pardonnera point non plus vos offenses. (Matth. VI, 14 et 15.)

Je conclus enfin par demander à tous les législateurs, qu'ils fassent placer sur le frontispice du palais où ils délibèrent, où ils votent, ces paroles du Dieu vivant :

« JE NE VEUX PAS LA MORT DU PÉCHEUR,
» MAIS SA *CONVERSION* ET SA VIE. »

Un regard jeté sur l'Europe doit faire désirer aux hommes *de tous les partis* qu'on n'entre pas dans la carrière des réactions !

FIN.

www.ingramcontent.com/pod-product-compliance
Lightning Source LLC
Chambersburg PA
CBHW061009280326
41935CB00009B/896